Découvrez l'histoire par les archives de presse

RETRONEWS

Le site de presse de la BnF

www.retronews.fr

NOUVEL ANNUAIRE

GUIDE

DE

L'OUVRIER COIFFEUR

A PARIS

1870

PARIS

FRUCHARD, LIBRAIRE-ÉDITEUR

185, GALERIE DE VALOIS (PALAIS-ROYAL).

NOUVEL ANNUAIRE

GUIDE

DE

L'OUVRIER COIFFEUR

A PARIS

CONTENANT

Les Prix de toutes les Places au Mois et à la Journée

Avec leurs Bénéfices

le genre de travail qui se fait dans chaque maison

Et des Renseignements de la plus grande utilité à l'Ouvrier

SUIVI D'UN DIALOGUE EN QUATRE LANGUES

Français, Anglais, Allemand et Italien

Facile à apprendre et suffisant pour s'expliquer avec un étranger,

PAR UN ANCIEN EMPLOYÉ DES BUREAUX

1re ANNÉE — 1870

PARIS

FRUCHARD, LIBRAIRE-ÉDITEUR

185, GALERIE DE VALOIS (PALAIS-ROYAL).

A NOS LECTEURS.

Ce n'est pas sans avoir longuement réfléchi que nous avons entrepris la publication de notre annuaire. La difficulté d'obtenir d'une manière exacte tous ces renseignements utiles qui intéressent l'ouvrier ; la mauvaise volonté de certains patrons qui voudraient tenir caché comme un mystère ce que tout ouvrier à intérêt à savoir ; l'antagonisme permanent des bureaux de placement toujours tenu en éveil et leur intérêt si prompt à s'alarmer.

Enfin une infinité d'obstacles se dressait devant nous comme pour s'opposer aux investigations que nous devions faire pour mener à bien notre œuvre.

Il convient de dire que la plus extrême bienveillance de la plupart des ouvriers et patrons à nous donner les renseignements nécessaires à grandement facilité notre tâche, nous leur adressons ici nos remerciements sincères.

La publication que nous entreprenons est appelée à rendre de grands services à l'ouvrier. Son utilité incontestable lui donnera par la suite une importance qu'aucun annuaire n'a pu réaliser jusqu'à ce jour. Il évitera à l'ouvrier ces changements de place si fréquents et si onéreux pour lui dont bénéficient à leur détriment les bureaux de placement. Eclairés par ce nouveau guide, ils pourront désormais se présenter avec assurance dans les maisons qu'ils choisiront, grâce aux renseignements qu'ils auront puisés dans cet ouvrage. Les patrons, de leur côté, agiront avec d'autant plus de confiance à l'égard de leurs ouvriers qu'ils seront plus certain d'eux.

Ainsi tout le monde y gagnera, patrons et ouvriers, il n'y aura guère que les bureaux de placements qui y perdront quelque chose ; l'effet se fera sentir principalement sur la recette qu'ils prélèvent sur leurs nombreux placements.

C'est pourquoi nous faisons appel à la bonne volonté de Messieurs les Coiffeurs pour nous aider à contribuer par leurs renseignements a rendre cet ouvrage aussi complet et aussi exact que possible.

Nous espérons, lecteurs, que vous voudrez bien encourager notre essai et pardonner les imperfections qui pourraient exister cette année, Toutes les observations qui nous seront faites seront reçues avec plaisir, car nous ne reculerons devant aucun sacrifice pour être à la hauteur des encouragements nombreux que nous avons déjà reçus.

AVIS A MM. LES PATRONS.

Pour faire droit aux réclamations des patrons qui trouveraient dans notre annuaire des erreurs ou des inexactitudes, nous tiendrons à la disposition de toute personne muni de notre ouvrage une liste supplémentaire des rectifications qui nous seront parvenues.

Nous prions en conséquence Messieurs les Patrons qui voudront jouir de ce droit de nous faire parvenir leurs demandes de rectifications avant la fin du mois.

Ce délai passé, il ne serait plus temps. Les demandes et réclamations devront être adressées franco à l'*Annuaire-Guide de l'ouvrier*, 50, rue des Ecoles, 50, Paris.

———

EXTRAIT

DES ORDONNANCES DE POLICE

CONCERNANT LES BUREAUX DE PLACEMENT.

Tarif du 18 octobre 1861, fixé par ordonnance de M. le Préfet de police.

Pour les ouvriers gagnant 30 francs et moins par mois.   3 fr.

Pour les ouvriers gagnant plus de 30 francs par mois.   5

Pour les ouvriers travaillant à la journée.   5

Pour placement à l'étranger (y compris la rédaction de l'acte d'engagement).   20

Pour placement en extra (carte valable pour deux jours).   50 c.

Article 9. En l'absence de conventions contraires, le montant du droit de placement indiqué au bulletin pourra être payé au placeur par le maître ou patron, et imputé sur les gages ou salaires de la personne placée. (25 mars 1852.)

Les droits de placement ci-dessus fixés et les sommes versées pour solde ou à compte sur ces droits, par les personnes envoyées en place ne seront définitivement acquis au bureau que si ces personnes sont restées huit jours au moins dans la place procurée (sauf pour les extra).

AVANT-PROPOS.

En compulsant nos listes de renseignements pour l'indication des maisons qui s'adressent à tel ou tel bureau, nous avons été frappés d'une manière toute particulière ; en trouvant que beauconp de Patrons, sont fort peu attachés à un Bureau déterminé et qu'ils vont, soit pressés par le besoin, soit mécontents de la manière dont ils sont servis, s'adressent à l'un aussi bien qu'à l'autre ; nous avons donc cru devoir supprimer de notre ouvrage l'indication du Bureau fournisseur qui, après tout, ne peut être d'aucune utilité réelle à l'ouvrier : notre ouvrage étant essentiellement indépendant et ne cherchant avant tout qu'à affranchir entièrement l'ouvrier de toutes les agences de placement.

GUIDE

LES RECHERCHES

Les noms précédés d'un astérisque * indiquent les maisons où il faut coiffer. Celles où l'on ne coiffe pas ne portent aucun signe particulier.

Les chiffres à gauche de chaque page marque le fixe que chaque maison alloue à l'ouvrier.

Et ceux qui sont à la fin de la ligne marquent la valeur totalisée du mois ou de la journée (fixe et bénéfices compris),

NOMS ET ADRESSES

DE

MM. LES COIFFEURS

DE PARIS

Abadie, 7, rue des Pyramides.   35—55
Abadie, 79, rue Montagne-Ste-Geneviève.   30—45
Abbal, 8, rue du Parc.   45—60
*Aberlin, 16, passage des Princes.   3—6
Abraham, 33, rue du Vert-Bois.   35—50
Achez, 48, avenue Saint-Ouen.   30
Achille, 1, rue Tourtille-Belleville.   30
*Adolphe, 240, rue Saint-Honoré.   3 50—5 50
Adolphe, 106, rue de Montreuil.   30
Adolphe, 4, rue du Poirier.   3 50—4 25
Affre, 43, rue du Bac.   35—65
Agalure, 85, rue Constantine-Plaisance.   30
Aimable, 2, rue Affre.   30—40
Alait, 20, rue de Courcelles.   35—50
Alard, 3, grande rue de Bercy.   30—45
Alard, 133, rue de Charenton.   30
*Allain, 17, rue du faubourg Montmartre.   3—5 50
Albanel, 261, faubourg Saint-Martin.   35—45
*Albert, 3, rue Mandar.   4—4 75
*Albrecht, 62, rue de Dunkerque.   3 50—5
Alexandre, 49, rue de la Sablière.   35—45
Alexandre, 8, rue des Fossés-Saint-Victor.   30—40
Alexandre, 64, rue de Lévis-Batignolles.   30
*Albert, 17, rue Boissy-d'Anglas.   3 50—5 50
Alexandre, 24, rue Pascal.   30—40
Alfred, 118, Grande-Rue-Chapelle.   30
Alfred, 28, rue de la Tombe-Issoire.   30

1

Alleaume, 52, route d'Allemagne.   30
*Allidières, 23, rue Choiseul.   3 50—5
Alizeri, 9, rue de la Tour-d'Auvergne.   3—4 75
Amade, 38, rue Geoffroy-l'Asnier.   3—4 50
Amat, 145, rue Saint-Antoine.   30—40
Amat, 33, rue des Acacias-Ternes.   30
Ambert, 37, rue de l'Ouest.   35 —45
Amisse, 35, rue de Clichy.   30—40
André, 113, boulevard Montparnasse.   30—40
*André, 28, rue de la Chaussée-d'Antin. 3 50—4 75
André, 78, boulevard de la Chapelle.   30—40
Andrevet, 28, faubourg du Temple.   35 sec—55
Andrillon, 87, avenue de la Grande-Armée.   30—45
*Anguiz, 39, boulevard des Capucines.   5—6
Antoine, 79, rue Javel.   40—50
Arbassier, 147, rue de Charonne.   35—50
*Archier, 31, rue Saint-André-des-Arts. 3 30—5 25
Arnaud, 25, rue Palikao-Belleville.   30
*Arondeau, 89, rue du Bac.   35—50
Arondel, 31, rue des Nonains-d'Hyères.   40—50
Arsène, 3, rue de Grétry.
Artzer, 41, rue Saint-Paul.   45 sec—60
Artzer, 116, chaussée du Maine.   30—40
Astorq, 85, rue des Entrepreneurs..   30
*Aubert, 51, rue Taibout.   4—5
Aubert, 14, rue de Sèvres.   35—55
Aubréc, 6, rue du Commerce-Grenelle.   30
*Aubrée, 128, rue du Cherche-Midi.   40—60
Audren, 36, rue Ramey.   35—45
Augereau (Veuve), 20, rue Neuve-Coquenard.40—55
Auguste, 39, rue du Grand-Prieuré.   35
*Auguste, 34, rue Bergère.   4—5 25
*Auguste, 7, rue de la Paix.   4—6
Autourde, 7, quai Conti.   45 sec—60
Auzat, 16, rue du Colysée.   30—45
Auzuret, 51, chaussée du Maine.   30—40

Avignon, 152, route d'Italie.   30—40
Aymonnier, 6, rue Jolivet-Montrouge.   25—35
Azaïs, 4, rue de Courcelles.   30—15
Babelon, 133, rue de Vaugirard.   35—50
*Babot, 93, rue de Seine.   3 50—5 25
*Bac, 195, rue de Grenelle.   40—60
Bachard, 3, rue Campagne-Première.   30
Bachelet, 1, rue de Nice.   30—40
Bague, 2, rue Tolozé.   30—40
*Baguet, 22, rue d'Antin.   3—5
Baillat, 3, rue du Théâtre-Montmartre.   30
*Baillarguet, 13, place de Strasbourg.   3 50—5 50
*Bailly, 4, rue Charlot.   45 sec—60
Bailly, 2, place Vintimille.   30—40
Baillon, 64, boulevard du Combat.   30
*Balade, 43, rue Taibout.   3 50—5 25
Balade, 2, Grande-Rue-Batignolles.   45 sec—65
*Balade, 55, rue des Martyrs.   3 25—5
*Ballay, 5, rue Ventadour.   4—5
Ballet, 10, rue Joquelet.   45—65
*Balesdan, 10, rue de la Vrillière.   3—4 75
Balhote, 7, rue Aumaire.   35—50
*Baptiste, 7, rue Cadet.   3 25—5
Barbaste, 121, faubourg Saint-Martin.   40—60
Barbier, 91, rue de Montreuil.   30—40
Barbier, 33, passage du Havre.   40—55
*Barbier, 4, rue Rambuteau.   45—60
Bardet, 19, rue Neuve-Coquenard.   35—55
*Bardin, 39, rue Taibout.   3 50—4 75
Bardou, 34, boulevard de Montreuil.   30
*Barèse, 2, rue du Temple.   3 50—5
*Bargat, 17, rue Saint-Marc.   4—5
Baribaud, 3, rue Geoffroy-Marie.   45—65
Barrué, 58, boulevard de la Tour-Manbourg.   30—40
Barthélémy, 33, route de Montreuil.   30
Barthélémy, 18, avenue de Clichy.   30—45

Basbois, 64, rue des Accacias-Montmartre. 30
Basset, 74, rue de Montreuil. 35
Bastard, 8, rue de Meaux. 30
Battaillon, 15, r. Croix-des-Ptits-Champs. 3 50—4 50
Baudard, 3, rue d'Allemagne. 30
Baudelot, 22, rue Nicot. 35—45
Baudelot, 9, rue Cambacérès. 30—45
*Baudier, 21, rue Saint-Sébastien. 45 sec—60
Bayer, 125, rue de Flandres. 30—45
Bayle, 62, Grande-Rue-Batignolles. 45 sec—60
Baylle, rue d'Orléans-Bercy. 30—40
Bayon, 36, petite rue Saint-Pierre. 35—50
*Bazor, 43, rue Rambuteau. 2 50—4 75
Beaugrand, 1, pass. de l'Élysée des Beaux-Arts. 35—50
Beaury, 36, rue Doudeauville. 30
Beaussant, 1, rue Sauval. 35—45
Beauvilliers, 11, rue de la Cunette. 35
*Beaux, 139, rue Saint-Dominique. 45 sec—75
Bédès, 4, rue Git-le-Cœur. 40—55
*Bédu, 25, rue Montorgueil. 3 50—5
Bédu, 9, passage de l'Industrie. 3 50—4 75
Befféral, 1, rue Saint-Nicolas-Saint-Antoine. 35—50
Beghin, 36, rue des Poissonniers. 30—40
Bégon, 5, rue du Moulin-des-Prés. 30
Béguin, 7, rue de Vienne. 30—45
Beillard (Ve), 32, rue des Amandiers-Belleville. 30—40
Belgrand, 38, rue Vandamme. 35—45
Bellamy, 187, faubourg Saint-Martin. 40—55
Belen, 87, rue Neuve-des-Mathurins. 3 50—4 75
*Bellecoste, 28, boulevard Poissonnière. 4—5 25
Bellenger, 14, rue de Richelieu. 3 50—4 75
Belleville, 3, avenue de Ségur. 30—40
Bellier, 2, boulevard Saint-Denis. 45 sec—55
*Beltante, 13, r. de Grenelle-St-Honoré. 3 50—4 75
*Benard, 17, boulevard des Capucines. 4—5 50
Benard, 68, avenue des Ternes. 30—40

Bernard, 1, rue Demours.   35
Benassy (M^e), 64, rue d'Angoulême.   30
*Benoist (D^{lle}), 17, rue du Cherche-Midi.   50—60
Benoit, 77, rue de Bercy.   35—50
Benoit, 18, rue des Buttes-aux-Cailles.   30
*Bérard, 89, boulevard Beaumarchais.   3 50—5 50
*Bérard, 2, rue Lamartine.   40—55
Berrert, 1, rue Basse-du-Transit.   30
Berge, 16, rue de Bretagne.   35—50
Bergeoz, 41, rue Bellefond.   30—45
*Bernard, 69, rue Neuve-Saint-Augustin.   3 25—5 50
Bernard, 68, rue des Gravilliers.   30—45
Bernard, 14, rue Saint-Quentin.   30—40
*Bernard, 10, rue des Petites-Ecuries.   3 25—4 75
Bernard, 2, rue Charles V.   35—50
Bernard, 131, boulevard de la Gare.   30—40
Bernard, 94, boulevard de Belleville.   30—40
Bernard, 49, rue du Rendez-vous.   30
Berrière, 84, boulevard de Belleville.   35—40
*Berthelemot, 12, rue de la Ferronnerie.   40—55
Berthelemy, 54, rue Vavin.   35—45
Berthenet, 30, rue Molière-Auteuil.   30
Bertho, 82, rue Quincampoix.   30—45
Berthier, 130, boulevard du Prince-Eugène. 35—50
Berton, 7, rue Saint-Claude.   30
Berton, 232, rue de Paris-Belleville.   30—40
Berton, 71, rue de Montreuil.   30
Bertonnet, 80, rue Mouffetard.   35—45
*Bertrand, 117, rue d'Aboukir.   3 50—4 75
Bernard, 97, rue des Marais.   35—45
*Bertrand, 80, rue de Grenelle-St-Germain.   35—50
Bertrand, 8, rue Bréa.   30—40
*Bessa, 4, rue de Sèze.   3 50—5 25
Bessière, 25, rue de Vanves-Plaisance.   35
*Besnier, 2, galerie Montpensier, Palais-Royal. 5—6
Betry, 78, rue Saint-Jacques.   35—50

Bouchet, 39, rue Oberkampf.   35—50
Beugnate, 9, rue Lebrun.   30—40
* Beuve, 10, rue Geoffroy-Marie.   35—50
Biardet, 68, rue Ramey.   30—40
* Bichard, 72, rue du Château-d'eau.   35—50
Bidault, 68, rue Gambay.   30—40
Bidault, 3, rue Saint-Martin-Chapelle.   30
* Bigos, 14, faubourg Saint-Honoré.   4 50—6 50
Bigot, 12, rue du Temple.   3 50—4 75
Bigot, 10, chaussée du Maine.   30—45
Bigot, 2, passage du Commerce.   30—40
Bilbeault, 30, rue de la Goutte-d'or.   30—40
Billard, 87, rue Cambronne.   30—40
* Billon, 48, avenue Montaigne.   35—45
Billon, 25, avenue de Wagram.   30—45
Binet, 22, rue Saint-Nicolas-Saint-Antoine.   30—40
Biotière, 2, rue Jeanne.   30—40
* Bisson, 3, boulevard Poissonnière.   40—65
* Bizern, 100, rue Rambuteau.   35—65
Blain, 46, rue Richelieu.   3—6
Blain, 12, rue des Fossés-Saint-Victor.   30—40
Blain, 18, rue d'Aubervilliers.   30
Blaise, 24, rue Mont-Thabor.   35—40
Blaive, 32, rue Greneta.   35—45
Blanc, 7, boulevard de Vaugirard.   30   40
Blanc, 87, rue de Constantine-Plaisance.   30
* Blanc, 10, boulevard Saint-Michel.   2 50—5 25
Blanc, 129, boulevard Magenta.   40—60
Blanchard, rue de l'Hôtel-de-Ville.   30—40
Blanchard, 165, faubourg Saint-Antoine.   40—60
Blanchard, 75, rue de Charonne.   35—45
Blanchet, 2, rue du Chemin de fer.   30
* Blansey, 25, rue du Helda.   40—60
Blin, 42, rue Vivienne.   3—6
Blivet, 177, faubourg Saint-Martin.   35—45
Bloche, 3, boulevard d'Italie.   30—35

Blocquel, 16, rue Geoffroy-Saint-Hilaire.   30—40
Blondeau, 18, rue de la Gaité.   30—40
Blutot, 8, avenue des Ternes.   35—45
*Bohain, 37, rue du Temple.   35—50
Boicherot, 140, r. St-Dominique des Inval.   30—40
Boisaubert, 89. Grande-Rue-Chapelle.   30
*Boissac, 169, rue de Lafayette.   35—50
Boissay, 151, route d'Allemagne-Villette.   30
Boisselet, 107, avenue de Clichy.   30—40
Boivin, 3, rue Beauregard.   20—60
Boivin, 16, rue Lesdiguières.   30—40
*Bon, 32, rue de Buci.   40—55
Bon, 9, rue Pascal.   35—45
Bonhomme, 4, rue de Bercy.   30—40
Bonière, 44, rue de Montreuil-Charonne.   25—30
*Bonnard, 81, rue Rambuteau.   40—55
Bonnaviat, 27, rue du Ruisseau.   30
*Bonneau, 15, rue Commines.   35—50
Bonnet, 1, rue Vincent-Belleville.   30—40
*Bonnin, 12, boulevard des Capucines.   5—6 50
Bonnissent, 9, rue Vivienne.   3—5 50
*Bonvalet, 23, rue du Bac.   3 25—5 25
*Bong, 12, rue Tiquetonne.   3 50—5
Borde, 9, rue Arago.   30—35
Borho, 1, rue de la Réunion-Charonne.   30
Bosco, 17, rue de Charonne.   35—45
*Bossuat, 62, rue Bonaparte.   3 50—5 50
*Bottini, 4, rue Fontaine-Saint-George.   30—45
*Bouchard, rue du faubourg Montmartre.   4—5 50
*Bouché, 18, boulevard Saint-Michel.   3 50—5 25
Boucher, 1, rue du Petit-Carreau.   40—60
Boucly, 3, rue des Couronnes.   30—40
Boudet, 6, rue Biot-Batignolles.   25—35
Boudiu, 115, rue des Poissonniers.   30—40
*Boudin, 21, rue Marie-Stuart.   40—60
Boudin, 32, rue des Vinaigriers.   30—40

Bougenier, 16, rue des Carrés-Saint-Paul. 30—40
Bouju, 74, rue des Feuillantines. 30—40
Bouillant, 136, rue Mercadet-Montmartre. 25
Bouillon, 88, chaussée du Maine. 30—40
* Bouilly, 14, rue de Birague. 40—60
* Bouland, 10, rue Sainte-Anne. 3 50—5 75
* Boulay, 18, rue Duphot. 4—5—50
Boullard, 87, faubourg Saint-Denis. 35—50
Boullard, 10, rue Albouy. 30—40
Boulengé, 15, cours de Vincennes. 35
* Boullet, 27, rue des Martyrs. 40—60
Boullonnois, 29, rue de la Pépinière. 30—45
* Bouquant, 43, rue de Bretagne. 35—50
Bouquet, 70, rue de Charonne. 30—40
Bouquet, 55, rue d'Anjou. 35—45
Bouquot, 4, passage des Messageries impér. 30—40
Bourat, 36, rue de Reuilly. 30
Bourrassin, place de la Mairie-Montmartre. 35
Bourdeau, 40, rue de Vivienne. 3—6
* Bourdin, 9, rue des Halles. 3 50—5
Bourdon, 63, rue Lauriston. 30—40
Bourette, 54, rue des Catacombes. 30
Bourgallé, 92, rue de Popincourt. 35—45
* Bourgeois, 23, rue Croix-des-Petits-Champs. 45—65
Bourgeois, 1, rue des Récollets. 30—40
* Bourgoin, 1, rue Favart. 3 50—5 25
Bourin, 4, rue de la Bucherie. 30—40
* Bournal, 64, rue du Bac. 30—40
* Boursin, 80, faubourg Saint-Antoine. 3 75
* Bousquet, 80, rue de la Victoire. 35—45
* Boussard, 17, r. de la Ferme-des-Mathurins. 40—60
Boutin, 2, rue Ménard. 3 25—5 50
Boutines, 30, rue des Prés-Belleville. 30
Bouttevillain, 25, rue de Charonne. 30—40
* Bouvier, 7, rue Mansard. 35—45
* Bouvier, 12, boulevard des Italiens. 3—6

Bouvier, 170, rue Saint-Maur du Temple. 30
Bouvy, 21, rue de la Pépinière-Montrouge. 30
*Bouzanqué, 7, rue de Londres. 35—45
Bavet, 4, rue Borda. 30—40
*Boyeaux, 22, boulevard Sébastopol. 3 50—5 25
Brachet, 25, r. Ste-Croix de la Bretonnerie. 35—55
Brad, 4, rue Boursault. 3 50—4 75
*Brard, 36, boulevard Saint-Michel. 3 50—5
*Brault, 54, rue Jacob. 45—60
Brian, 5, rue de l'Eglise. 30
*Brécion, 13, rue Mazagran. 35—58
*Bredy, 44, boulevard du Prince-Eugène. 40—60
Bresch, 190, rue Saint-Maur du Temple. 30
*Bressaudier, 164, rue Montmartre. 3 50—5 25
*Breton (Ve), 6, place Gerson. 3 75—5 50
Breton, 103, rue d'Allemagne. 30
*Brier, 50, rue Basse-du-Rempart. 4 50—6
*Brissaud, 110, rue Montmartre. 3 50—5 25
Brisson, 12, rue des Moulins. 30
Broc, 2, rue du Grand-Saint-Michel. 30
*Brosset, 81, rue de Seine. 35—55
Brosset, 16, route de Choisy. 30
Brossier, 16, rue de Fourcg. 35—45
*Brossier, 62, rue de l'Ecole-de-Médecine. 40—60
*Broussin, 50, rue Neuve-Saint-Augustin. 45—65
Broutchoux, 29. rue Neuve-Sainte-Placide. 35—55
Bruide, 4, rue du Marché-Saint-Honoré. 35—50
*Brun, 93, avenue des Champs-Elysées. 5—6
Brun, 68, rue des Amandiers-Ménilmontant. 30
Brun, 58, avenue de Clichy. 35
Brun, 78, boulevard Mazas. 30
*Brun, 8, boulevard Saint-Michel. 4—5 50
Bruner, 19, rue Rennequin. 30—40
Bruneau, 9, rue Dupin. 35—45
Brunet, 42, rue du Banquier. 30
Bruyant, rue Saint-Denis-Montmartre. 30

Budelot, 249, faubourg Saint-Antoine. 35—45
Buffet, 19, rue Frémicourt. 35
Buhot, 41, rue de Romainville-Belleville. 30
*Burdet, 107, rue d'Aboukir. 3 75—5 25
*Burel, 18, rue Drouot. 3 50—5 50
Busschotz, 119, Grande-Rue de Montreuil. 30
Bussonneau, 51, rue de Malte. 30—40
Buttel, 54, rue Demours-Ternes. 30
Byron, 7, boulevard Montparnasse. 35
Cabanne, 66, rue de l'Arcade. 30—40
Cabin, 200, rue de Paris-Belleville. 30
Cadot, 1, rue de Forest. 35
*Cadoux, 4, rue Notre-Dame-de-Lorette. 3,25—5,50
Caffart (V°), 18, rue de la Roquette. 35—50
Cagniard, 9, rue Saint-Charles. 30
Cahayne, 21. r. de la Charbonnière-Chapelle. 30
Cahen, 26, rue Petit. 30
*Caillau, 98, faubourg Saint-Honoré. 3 50—5 25
*Caillet, 61, rue Saintonge. 40 sec
Calais, 31, rue Daubenton. 30
Caloir, 96, boulevard Courcelles. 35
Camard, 26, rue de Meaux. 30
Camille, 23 bis, place nationale. 30
Camus, 28, rue Lecourbe. 35
Camus, 50, rue du Marché-Passy. 30
Camus, 32, rue des Blancs-Manteaux. 35—55
*Camus, 34, rue de Grenelle-Saint-Germain. 35—60
Camus, 44, rue de Reuilly. 30
Camus, 124, rue de Rennes. 35
*Candaz, 17, rue Rambuteau. 35—60
Cara, 25, boulevard des Capucines. 4—5 50
Carbonnel, 5, r. du Chemin-de-Fer du Nord. 30
Carcot, 65, rue des Amandiers-Belleville. 30
Cardin, 7, rue des Abbesses-Montmartre. 35
Caron, 5, passage Lathuille-Batignolles. 30
*Caron, 57, rue du Château-d'eau. 35—50

Casabon, 29, rue Duris-Belleville. 30
*Casamajor, 10, r. des Filles-St-Thomas. 3 7—5 25
 *Casen, 21, rue des Filles-du-Calvaire. 3 50—4 75
 Castel, 23, faubourg Saint-Jacques. 35
 Castillon, 5, rue Véron-Montmartre. 30
 Castillon, 131, faubourg Saint-Antoine. 35—55
 Castenoy, 167, rue de Flandre-Villette. 30
*Caumont, 168, rue de Rivoli. 5—7
 Caumont, 2, rue des Guillemites. 35
 Caura, 39, rue de Charonne. 35
*Causse, 59, r. Neuve-Saint-Augustin. 3 50—5
*Causse, 56, boulevard Haussmann. 3 75—5 25
*Causse, 10, rue Saint-Lazare. 40—60
 Cauville, 35, Grande-Rue-Chapelle. 30
 Cavart, 8, rue des Bassins-Passy. 35
*Cazengel, 62, rue Turbigo. 3 50—5 25
*Céard, 6, rue de la Paix. 5—6 50
 Cendrier, 14, rue du Champ-de-Mars. 35
 Cernay, 65, rue Duconédie. 30
 Chabaneix, 229, rue Saint-Honoré. 4—4 50
 Chabin, 88, rue Philippe-de-Gérard. 30
 Chaboche, 117, faubourg Saint-Martin. 40—50
 Chalon, 13, rue de Clichy. 35—45
*Champion, 20, rue Dauphine. 3 50—5 50
 Chanet, 86, rue Truffault. 30
 Changeat, 6, boulevard Rochechouart. 35—45
 Chantemesse, 17, chaussée Clignancourt. 35—45
*Chantrier, 36, rue d'Amsterdam. 3 50—5 25
 Chanu, 90, rue de Flandre. 30—40
 Chaperon, 3, passage Cardinet. 30
*Chaput, 43, rue Joubert. 3 25—5 25
*Charansol, 11, rue du 29 Juillet. 4—5 50
 Charaux, 4, rue de Nemours. 35—45
 Charles, 21, faubourg Saint-Jacques. 30
*Charles, 6, rue Saint-Lazare. 3 logé—5 75
 Charles, 26, chemin des Bœufs. 25

Charles, 52, boul. des Amandiers-Belleville. 30
Charles, 50, cité Dupont. 30
* Charlet, 7, rue Gozlin. 3 50—5
Charlier, 117, rue de Sèvres. 25—70
*Charlot, 24, rue Neuve-Saint-Augustin. 3 logé—5
*Charpentier, 8, rue de Provence.
Charpentier, 85, rue Saussure-Batignolles. 36
Charpentier, 76, rue des Tournelles. 35—45
* Charrière, 12, r. de l'Ancienne-Comédie. 3 50 – 5 25
Chartan (Ve), 16, rue Longchamps-Passy. 30
Chaumont, 11, rue de l'Ouest-Plaisance. 30
* Chauriat, 40, rue Fontaine-Molière. 30—45
*Chauvin, 35, rue des Moineaux. 35—50
* Chauvin, 41, rue d'Argenteuil. 3 logé—4 75
Chavannet, 104, rue Saussure-Batignolles. 30
Chauvelle, 45, rue du Chemin-Vert. 30—40
*Chef, 57, rue Paradis-Poissonnière. 35—50
Chenay, 34, rue Pastourel. 35—45
Chenel, 11, rue Linné. 35 – 45
Cheramy, 80, rue François-Miron. 35—45
* Chérau, 18, rue du Dragon. 3 logé—4 75
Chereau, 46, rue des Fossés-Saint-Bernard. 35
* Chevalier, 274, rue Saint-Honoré. 3 50—5 25
Chevalier, 53, Gde-Rue des Prés-St-Gervais. 30
*Chevreau, 21, rue Notre-Dame-de-Nazareth. 40—55
Cholet, 141, faubourg Saint-Antoine. 35 – 45
Cholet, 294, rue de Charenton-Bercy. 40 —50
Cholet, 23, rue Myria. 35
Cholleton, 96, rue de Bondy. 40—55
Chrétien, 46, rue Pigale. 3 50—5 25
*Chrétien, 201, rue Saint-Martin. 35—50
* Christian, 83, faubourg Saint-Honoré. 3 50—5 75
Christmann, 8, rue de Courcelles. 30—40
Chuteaux, 89, rue de Charonne. 30—40
Cineux, 5, rue Croix-Nivert. 35-46
Clain, 41, rue Cler. 30—40

Claret, 14, rue des Amandiers.   30 — 40
Clausier, 42, rue Mouffetard.   35 — 45
Claverie, 83, rue de Flandre.   30 — 40
Claverie, 21, quai de la Tournelle.   30 — 40
Claret, 2, rue Vintimille.   30 — 40
Clément, 54, rue Amelot.   30 — 40
Clerbaut, 281, faubourg Saint-Antoine.   30 — 40
Clerk, 11, rue de Marseille.   30
Clerville, 27, rue du Jour.   35 — 50
Clicherit, 106, r. Saint-Maur-Popincourt.   30 — 40
*Cochard, 8, r. de Grenelle-Saint-Germain.   35 — 50
Cochet (Vᵉ), 70, rue du Four-Saint-Germain.   35 — 50
*Coclembier, 71, rue de Chabrol.   4 50 — 5 50
Coffinet, 289, faubourg Saint-Antoine.   30 — 40
Colinet, 25, quai de la Tournelle.   30 — 45
Colle, 6, rue du Port-Saint-Ouen.   30
Collière, 42, Grande-Rue-Passy.   35
Colmache, 53, rue Sedaine.   40 — 55
Colombet, 138, boulevard du Prince-Eugène.   30 — 40
*Collomp, 4, rue Duphot.   4 50 — 6
Combette, 180, route de Versailles.   30
Conard, 134, rue de Flandre.   30 — 40
Conche, 2, rue Mogador-Belleville.   35
*Conchoux, 17, rue de Bréda.   3 50 — 5 25
*Constant, 9, faubourg Saint-Denis.   40 — 55
Conté, 116, boulevard Rochechouart.   30 — 40
*Copie, 11, boulevard Montmartre.   3 50 — 5 50
*Copin, 19, rue de Luxembourg.   40 — 55
Corbet, 14, passage Sauvage.   30 — 40
Cordes, 154, faubourg Saint-Martin.   30 — 45
Cordier, 75, rue de Buffon.   35 — 60
*Cordoin, 166, rue Saint-Martin.   40 — 60
Cordoin, 11, rue des Rosiers.   35 — 45
*Cormier, 21, rue Lamartine.   3 25 — 5
Corneille, 8, passage Joinville.   30 — 40
*Corneillet, 109, rue du Temple.   35 — 50

Cornille (M⁰), 24, boulevard Charonne.   35
Cornibert, 117, r. des Poissonniers-Chapelle.   35—45
Cornu, 75, rue Folie-Méricourt.   30—40
Cornu, 37, chaussée du Maine.   30—40
Cornu, 9, rue Vintimille.   30—40
Cortes, 85, Grande-Rue-Bercy.   30—40
Cosnard, 5, Grande-Rue-Auteuil.   40—55
Cosnuau, 4, rue de Clichy.   30—40
Cosson, 1, rue Jean-de-Beauvais.   30—40
Coste, 1 bis, rue de Bercy-Saint-Jean.   35
Costet, 34, rue de Constantine-Chapelle.   35
Cotton, 69, rue des Vinaigriers.   30—40
Couasnon, 168, faubourg Saint-Martin.   35—45
Coudurier, 12, rue des Poissonniers.   30—40
Couesnon, 211, faubourg Saint-Antoine.   30—40
*Coindet, 72, rue Basse-du-Rempart.   4 50—5 75
*Couget, 122, rue du Temple.   3 50 logé—5 25
*Couget, 17, rue Réaumur.   3 75—5
Couget, 5, rue Muller.   30—40
Coularé, 18, rue Delaître.   30
*Coulon, 52, boulevard Beaumarchais.   3 25 logé—5
Coulon, 3, rue Vineuse-Passy.   30
*Couderg, 4, rue du Port-Mahon.   40—65
Courdesse, 17, rue des Jardins-Saint-Paul.   30—40
Coursaget, 10, rue Grange-aux-Belles.   35
*Courtois, 185, faubourg Saint-Honoré.   4—5 50
Coutelier, 62, faubourg du Temple.   30—40
Couvreur, 25, rue Folie-Méricourt.   30—40
*Crétal, 97, rue Saint-Honoré.   3 50—5 25
Crique, 67, rue d'Allemagne.   30—40
Crouzat, 34, rue Ramey.   3 75—4 75
*Crouzat, 43, rue d'Hauteville.   3 75—5 25
Cuisset, 4, rue de Poitou.   30—40
Cumon, 136, faubourg Saint-Martin.   35—45
Curabert, 4, rue des Trois-Couronnes.   30—40
*Cucerville, 79, rue Saint-Sauveur.   40—55

Cucerville, 38, rue de la Harpe. 40—65
*Cyrille, 35, rue Montmartre. 3 50—5 25
Dachu, 12, rue de Cotte. 30
*Dagoreau, 74, faub. Montmartre. 3 50 logé—5 50
Daire, 19, rue Jean-Robert-Chapelle. 35
*Dalbergue, 174, rue Saint-Martin. 45—65
Dallemagne, 12 bis, route d'Asnières. 30
Dallenne, 113, rue Lafayette. 50—55
Damard, 68, rue de Babylone. 35—55
Dambray, 98, rue de Montreuil. 30
Damiens, 74, quai de la Gare. 30
*Damilot, 14, faubourg Saint-Denis. 3 50—4 75
Damondeville, 14, chaussée du Maine. 35—45
Dangréaux, 17, rue Crozatier. 35—45
Daniel, 92, avenue de la Grande-Armée. 30—40
Darche, 7, rue Casteix. 35—45
*Dardenne, 35, rue Saint-Dominique. 40—55
Dardenne, 61, route d'Orléans. 30
*Darras, 31, rue Charlot. 35—50
Darthenay, 24, rue Palikao. 30
Dauboin, 38, rue Chaussée-Ménilmontant. 35—45
Dauchard, 14, rue du Rocher. 35—45
Dauples, 1, rue du Boulevard. 30
Dautel, 20, passage d'Orient. 35
*Dauvergne, 17, rue Montyon. 3 50—5 25
Daveau, 6, rue des Trois-Couronnes. 30
Daveloose, 6, cité Rivoli. 35—45
David, 95, rue de Paris-Charonne. 30
David, 69, rue Lecourbe. 35
*David, 13, rue Blondel. 40—60
David, 53, rue des Moines-Batignolles. 35
*Davignon, 85, rue Blanche. 3 50—5 25
Davoust, 2, rue Stokolm. 35—50
*Debair, 4, rue de Valois. 3 75—5 50
Debage, 106, rue de Reuilly. 30
*Debas, 21, rue du Bac. 35—50

Debauchez, 21, rue de Paris-Belleville. 30
* Debysterveld, 5, faubourg Saint-Honoré. 4 50—5 25
Decaisne, 9, grande Rue de Vaugirard. 30
Decla, 70, rue des Poissonniers. 30
Decors, 12, rue d'Ulm. 35—45
Decouze, 26, r. de la Mtagne-Ste-Geneviève. 30—40
* Decque, 52, rue d'Amsterdam. 3 50—5 25
Decroix, 8, route de Versailles. 30
Decroix, 9, avenue de Saint-Ouen. 30
Decroix, 83, rue de l'Ourcine. 35
Dejouy, 146, boulevard Ménilmontant. 35
Delacre, 12, rue Geoffroy-Lasnier. 30—40
Delagneau, 17, rue de Crimée. 30
* Delahaye, 8, rue de la Fidélité. 40—55
* Delanoé, 30, rue de Cléry. 35—55
Delaplace, 156, rue Oberkampf. 40—55
Delaplace, 76, boulevard de la Villette. 30
Delaplanche, 3, rue de la Glacière. 30
Delaporte, 67, rue Quincampoix. 35—45
* Delaporte, 77, rue d'Aboukir. 35—60
Delatour, 30, rue du Chemin-de-Fer. 30
Delatre, 6, rue Neuve-de-Lappe. 30
Delbarre, 99, boulevard Magenta. 35—45
* Delcourt, 62, faubourg Saint-Honoré. 4—5
* Delcroix, 82, boulevard Saint-Germain. 3 50—5 25
* Deleck, 6, rue du Helder. 4—5 50
* Deler, 84, faubourg Saint-Honoré. 3 75—5 50
Deletang, 19, rue Constantine-Chapelle. 30
Délié, 28, rue Beautreillis. 30—40
Delmotte, 20, avenue St-Charles-Grenelle. 30
Delobel, 57, rue de l'Université. 30—45
* Delord, 12, place de la Bastille. 3 50—5
Delorme, 26, rue Saint-Maur. 35
* Delporte, 44, rue Monsieur-le-Prince. 3 50—5 25
Delvallez, 14, quai des Ormes. 30—40
* Demogeot, 4, rue Rameau. 35—50

Demange, 26, rue Vivienne. 2 50—5 50
Deniau, 43, rue des Poissonniers. 30—40
Denoguez, 27, rue Villiot. 30—40
*Dequand, 294, rue Saint-Denis. 3 25—5
Derieppe, 60, rue Blomet-Vaugirard. 30
*Derique, 69, r. Nve-des-Petits-Champs. 3 logé—5
*Derouet, 9, rue Neuve-Saint-Sauveur. 40—60
Derozières (Vᵉ), 24, boulevard de la Chapelle. 30—40
Derquennes, 51, rue Croix-Nivert. 35
Derquennes, 61, avenue de Breteuil. 35
Desclos, 166, rue de Paris-Belleville. 30
Desfournoux, 15, rue Princesse. 30
Desgranges, 7, place des Trois-Maries. 30
*Deshayes, 17, r. Notre-Dames-des-Victoires. 5—6
Deshayes, 5, rue Lemarois-Auteuil. 30
*Desjardins, 25, rue Rochechouart. 35—45
Deslandres, 51, rue de Bretagne. 35—50
*Desmarest, 1, rue du Mail. 3 50—5
Desmarest, 16, rue Boucher. 35—45
Desmettes, 221, rue de Charenton. 30
Despaux, 48, rue de la Goutte-d'Or. 35
Dessailly, 31, rue de Lourcine. 35
Dessez (Vᵉ), 22, rue Beaubourg. 30—40
*Dessignolles, 34, r. de la Ferme-des-Math. 4—5 50
*Destouches, passage des Princes. 4—5 25
*Détroyat, 24, rue Grammont. 3 50—6
Davaux, 8, rue Geoffroy-Langevin. 35
Devautour, 25, avenue Saint-Charles. 30
Devilleneuve, 62, rue de Vaugirard. 30—40
*Deyres, 22, rue des Saints-Pères. 35—50
Dharne, 85, rue du Commerce. 30
D'Herbécourt, 8, rue Poulet. 3 logé—4 25
D'Hote, 33, rue de Richelieu. 3 50—5 25
*Diache, 96, rue du Bac. 45—60
Dieudonné, 112, rue de la Roquette. 30—40
Dilay, 45, rue du Commerce. 30

Diot, 40, rue de Seine.   45—55
Distinguin, 46, rue de Chevaleret.   35
Divorg, 132, route d'Orléans.   30
*Dondel, 2, rue Tronchet.   5—6
*Dorison, 3, rue Le Peletier.   4—6
*D'Ormoy, 2, rue Gaudot-de-Mruroy.   40— -55
*Dorson, 61, rue Neuve-Saint-Augustin.   3 50—5
Dorvaux, 267, faubourg Saint-Martin.   36—50
Doucerain (Vᵉ), 14, r. de la Glacière-Montm.   35
Douix, 85, rue Vanneau.   35—40
Doux, 53, route d'Asnières.   30
*Dreux, 18, rue Tronchet.   4—5 50
*Drège, 21, rue de Tournon.   3 50 logé—5
*Dricourt, 40, rue des Saints-Pères.   40—60
Drifort, 101, rue de Bercy-Bercy.   35—40
Drillen, 1, rue Keller.   40—55
Drouet, 26, rue Rébévat-Belleville.   30
Drouin, 34, boulevard du Combat.   30
Drouilhat, 8, rue de Bretagne.   40—60
Dubanet, 109, avenue d'Italie.   35—40
Dubois, 1, rue des Montagnes-Ternes.   35—40
Dubois, 5, rue Pastourel.   40—50
*Dubois, 134, faubourg Saint-Honoré.   4—5 25
Dubois, 73, rue Riquet.   35
Dubos, 4, rue Vavin.   30—40
*Dubos, 9, rue Pasquier.   4—5 25
*Dubos (Vᵉ), 24, rue de la Madeleine.   3 50—5 50
*Dubout, 98, rue Montorgueil.   3 75—5 25
Dubreuil, 61, rue de Lyon.   30—40
Dubroca, 7, rue Thouillier.   30—40
*Ducasse, 14, rue de Sèze.   4—5 50
Duché, 24, rue Letellier.   35—45
Duchemin, 25, boulevard de Grenelle.   30—48
*Duchesne, 16, rue du Caire.   35—55
*Ducoin, 5, rue Saint-Sébastien.   40—55
Ducros, 225, rue Lafayette.   35—45

Ducrot, 21, rue Berthe. 30—40
Ducoudray, 20, rue du Commerce-Grenelle. 30
*Dudon, 16, rue Neuve-Saint-Augustin. 4—5 25
 Duez, 56, rue de Malte. 30—40
 Dufort, 38, rue des Boulets. 35—40
 Dufour, 68, rue d'Allemagne. 30—40
 Dufour, 74, route d'Italie. 30—40
 Duhaut, 1, rue Vandrezanne. 25—30
*Dulaurent, 20, rue de l'Echiquier.
 Dulion, 32, rue de la Roquette. 35—45
*Dumas, 179, galerie de Valois, Palais-Royal. 5—6
*Dumas, 3, rue de Courcelles. 40—55
*Dumergue, 11, rue Coquillière. 80 fr. non logé.
*Dumont, 3, rue des Ciseaux. 40—55
 Dumont (V^e), 6, rue de Longchamps. 30
 Duparc, 71, rue Ménilmontant. 35—45
*Duplessis, 2, rue Malher. 4—5 50
 Dupont, 116, rue Cardinet. 30
 Dupont, 21, rue Jessaint. 35
*Duprat, 55, rue Lafayette. 40—50
*Dupraz, 227, rue Saint-Dominique. 35—45
*Dupré, 25, rue de Chaillot. 30—45
 Dupuis, 2, rue des Vosges. 30—45
*Dupuy, 30, rue Jean-Jacques-Rousseau. 3 50—5 25
 Durand, 6, rue Corbeau. 30—40
*Durand, 149, rue de Rennes. 35—45
 Durand, 70, rue Lemercier. 30—40
 Durand, 37, rue Popincourt. 33—45
 Durand, 14, rue des Charbonniers. 30
 Durousseau, 22, quai de la Gare. 39
 Durg, 19, rue de la Butte-Chaumont. 30
 Dusseau, 63, rue des Amandiers-Belleville. 30
 Dusuzeau, 37, rue Linné. 35
 Dutey, 24, rue du Regard. 30—55
*Dutbreuilh, 21, rue de Bourgogne. 35—50
 Duval, 33, rue de la Glacière. 30

Duval, 23, rue du Ramey. 30—40
*Duval, 71, rue Richelieu. 3—5
Duviquet, 277, rue Saint-Honoré.
*Egon, 14, rue Hauteville. 45—60
Emile, 29, rue de la Glacière. 30
Emile, 36, rue du Roi-de-Sicile. 35—55
Emmanuel, 2, rue de l'Entrepôt. 30—40
Emo, 25, rue Servandoni. 30—40
Epalier, 21, rue Vicq-Dahir. 30
Erard, 9, rue des Récollets. 35
Escoquart, 16, boulevard Ménilmontant. 30—40
Esmelin, 5, rue de l'Université. 35—45
Evrard, 10, avenue de Clichy. 30—40
Evrard, 8, boulevard de la Chapelle. 30
Eyrassagne, 29, rue d'Angoulême. 30
Fabre, 8 bis, rue Balagny. 38—40
*Fabry, 71, faubourg Montmartre. 3 50—5
*Faisandier, 17, rue Feydeau. 45—65
Fargue, 64, rue Mouffetard. 30—40
*Fargue, 21, rue d'Aboukir. 45—60
Farné, 44, boulevard Ménilmontant. 30—40
Farné, 40, rue Croix-Nivert. 30—40
*Faucher, 3, rue de la Bourse. 4—5 50
Faucher, 18, rue Linné. 35—45
*Faugerand, 66, r. Nve-des-Ptits-Champs. 3 50—5 25
Fauvet, 130, rue de la Chapelle. 30
Favien, 39, faubourg du Temple. 35—45
Favre, 38, rue de Bercy-Bercy. 30—40
Fay, 8, rue Popincourt. 35—45
*Fayard, 5, passage Brady. 45—60
Fays, 27, rue Villiot. 35—45
*Federmayer, 6, boulevard des Italiens. 4—5 50
*Félix, 15, faubourg Saint-Honoré. 3 50—5 50
Félix, 51, rue Lecourbe-Vaugirard. 30—40
*Félix, 35, rue Caumartin. 4—5 25
*Félix, 64, rue Neuve-des-Mathurins. 3 25—5

Fermaud, 3, rue de Marseille. 30
Fermé, 3, rue Joquelet. 35—55
Ferrand, 1, rue Vivienne. 3—5 25
*Ferrero, 85, rue Turbigo. 3 50—5 25
Ferte, 47, rue de Sèvres. 35—50
Feuillet, 44, rue de Bondy. 30—50
*Ficheux, 10, place de la Madeleine. 5—6
Filliol, 49, rue Vivienne. 2 50—5 50
Fiot, 12, rue Saint-Anastase. 30—40
Fiot, 11, rue des Enfants-Rouges. 35—50
Fischer (V^e), 161, rue St-Jacques. 3 75 logé—5 25
Fischer, 4, rue Saint-Laurent. 40—55
Fischer, 142, rue de Paris-Belleville. 30
Fissière, 265, rue Saint-Jacques. 45—95
*Flammant, 2, r. de la Ferme-des-Mathurins. 40—70
Fleurant, 18, rue de la Charbonnière. 35
Fleury, 1, rue Vicq-d'Azir. 35
Fleury, 32, rue de Turenne. 40—60
*Florent, 18, r. Jean-Jacques-Rousseau. 3 logé—4 50
*Florentin, 68, rue de Rivoli. 3 50—5 25
Floury, 25, rue de Flandre-Villette. 30—40
*Fontaine, 12, rue Rochechouart. 40—78
*Forez, 12, boulevard Montmartre. 4—5 50
*Formentel, 121, rue du Bac. 35—65
Foubert, 23, rue du Colisée. 30—45
Faucault, 262, rue de Paris. 35
Fouché, 10, rue Sainte-Marguerite. 35
Fouchet, 118, rue de Charenton. 35—45
Foudrinoy, 44, rue de l'Arc-de-Triomphe. 40—50
Fourier, 25, rue de Bièvre. 35—45
Fournier, 31, rue Cardinal-Lemoine. 30—45
Fournier, 16, rue de Meaux. 35
*Foutrein, 33, rue Poissonnière. 40—55
Francis, 63, rue Cler. 30—40
*Franque, 32, rue d'Amsterdam. 3 25—5
Franquet, 2, place de la Chapelle. 30

2.

Fratiaux, 82, rue de Bondy.   35—50
Frémont, 73, avenue d'Italie.   35
Frères, 14, passage Saint-Dominique.   30—45
Fretille, 2, rue Jacquart.   30
Frezet, 13, impasse de la Glacière.   30
Frisou, 7, rue Paradis-Poissonnière.   20
Frogère, 47, rue Sainte-Léonie.   35
Froment, 23, rue Daubenton.   30—40
*Frontier, 247, rue Saint-Honoré.   3 50—5
*Frossard, 31, rue Coquillière.   3 logé—4 75
Funnigué, 11, rue de Nice.   35
*Furjat, 16, rue Jean-Jacques-Rousseau.   45—70
Furou, 56, rue de la Pépinière.   35—60
Fratré, 36, route de Châtillon.   40—45
Gabarre, 52, boulevard de Clichy.   30—40
Gaby, 96, rue Oberkampf.   35—45
Gaery, 49, rue de Meaux.   35
Gadoux, 21, avenue d'Italie.   30—40
*Gagiotti, 44, rue de la Rochefoucauld.   3 25—5
Gagnard, 101, rue Saint-Antoine.   3 50—4 75
Gain, 10, rue Bourtibourg.   35—50
*Gaissad, 23, passage Choiseul.   5
*Galabert, 15, rue de la Paix.   5—6
Galibert, 133, rue de Sèvres.   30—40
Galimart, 26, gare d'Ivry.   35
Gallemard, 14, rue de la Bucherie.   30
Gallois, 37, rue et Ile-Saint-Louis.   40—50
Gallois, 37, rue de la Chopinette.   70 non logé—90
Gambier, 6, rue d'Arras.   35
Gamblin, 15, rue Keller.   30—45
*Gambon, 7, rue Dauphine.   3 50—5—25
*Gandoget, 11, rue Neuve-Saint-Merry.   3 50—5
*Gandolle, 32, boulevard Saint-Michel.   3 50—5 25
*Garand, 37, rue Tronchet.   4—5 50
*Gardères, 159, rue Saint-Honoré.   3—4 75
Gardey, 6, rue Cassette.   30—40

Garreau, 182, rue de Charonne.   35—45
Garénaux, 71, rue du Château-d'Eau.   40—55
Garenaux, 75, rue de Charenton.   30—40
*Garret, 60, rue d'Argout.   3 50—5 25
Gargot, 27, rue Saint-Paul.   35—50
*Garnier, 10, rue de Fleurus.   30—45
Garnier, 74, rue de Meaux.   35
Gastaud, 46, rue Vivienne.   3—5
Gastau, 14, rue de Crussol.   35—45
*Gaubert, 21, passage de l'Opéra.   4—5 50
Gauchard, 6, rue Rebeval-Belleville   35
Gauche, 6, rue de Paris-Charonne.
*Gaudé, 84, rue Saint-Sauveur.   35—50
*Gaulain, 10, faubourg Montmartre.   3—5 25
Gaut, 119, avenue Parmentier.   30—40
*Ganthier, 143, rue d'Aboukir.   3 25—5
Gauthier, 74, rue des Dames.   30—40
Gauthrot, 47, rue de la Roquette.   30—40
Gautret, 2, rue Mouffetard.   35—45
Gautret, 5, rue Oberkampf.   3 logé—5
Gautret, 167, rue de Sèvres.   35—45
*Gauzy, 19, rue Racine.   45 sec—80
*Gay, 203, faubourg Saint-Honoré.   3 25—5
Gaydou, 3, rue Mougador.   30—40
Gaytou, 182, boulevard Magenta.   35—45
Geffrain, 26, rue Léon.   30—40
Gellée, 12, boulevard de l'Hôpital.   35—45
Geiter, 46, rue Labat.   35—45
*Geiter, 42, rue Dauphine.   3—5
Geneste, 10, rue des Messageries.   30—40
Genevois, 64, boulevard de l'Hôpital.   35—45
*Genevois, 21, rue de Chabrol.   45—60
*Gendreau, 6, rue Monsieur-le-Prince.   3 50—5
Gentes, 35, rue Constantine-Chapelle.   35
*Genty, 11, rue des Petites-Écuries.   45—60
*Geoffroy, 16, rue Notre-Dame-de-Lorette.   4—5

Geoffroy, 115, rue de la Roquette.	35 —45
Geoffroy, 33, quai de la Gare.	35
*Georges, 6, rue Ollivier.	
Gérard, 107, rue des Amandiers.	35
Gérard, 148, rue du Temple.	40—55
Gérard, 62, rue de la Mare-Belleville.	35
Gérault, 8, rue de la Nation.	30
*Gesbain, 6, boulevard du Prince-Eugène.	3 50—4 75
Gerbaud, 29, rue Fontaine-Saint-Georges.	35—50
Gervais, 3, rue Saint-Laurent.	35—45
*Gervais, 156, faubourg Saint-Honoré.	3 25—5
*Ghys, 31, rue Louis-le-Grand.	
Gillet, rue du Château-des-Rentiers.	30
Giordano, 9, rue de Vaugirard.	35—50
Girard, 6, rue Guichard.	40—50
Girard, 11, rue Croix-des-Petits-Champs.	3 50 — 4 75
Girard, 1, rue de l'Ouest-Plaisance.	30—40
Girard, 12, rue Duris.	30
*Girard, 10, faubourg Saint-Honoré.	3 logé—4 75
Girardon, 18, rue du Four-Saint-Germain.	3 75—5
Girardot, 5, r. des Prêtres-St-Germ.-l'Auxer.	40—55
Giraud, 68, rue de Lévis-Batignolles.	30—40
Girault, 1, rue Sibour.	45—70
*Girolet, 49, place de la Madeleine.	5—6 25
*Giroud, 18, rue Royale.	5 — 6 50
Gleyre, 29, route d'Orléans.	30
Goasguon, 16, rue des Viarmes.	35—45
Gobeil, 48, passage Jouffroy.	3—6
Godailles, 86, Grande-Rue-Villette.	35
Godard, 13, rue du Clos-Bruneau.	30
Godard, 73, rue de Javel.	30
Godeau, 72, rue Truffault.	35
*Godin, 2, rue Racine.	3 50—5 25
Goetz, 62, rue de Vaugirard.	35—45
Gombert, 117, rue Vieille-du-Temple.	40—60
Gonnard, 50, rue des Martyrs.	3 logé—4 75

*Gonon, 47, rue d'Argout. 3 50—5
Gonon, 8, Grande-Rue-Chapelle. 30
Gonon, 74, rue Saint-Denis. 45—60
*Gonon, 79, faubourg Poissonnière. 4—5
Gontier, 3, rue de Vanves-Plaisance. 35
Gonzagues, 16, rue Nationale. 30
*Goret, 11, rue Taranne. 3 logé—5
Gorniot, 44, route d'Allemagne-Villette. 30—40
Gosner (V^e), 16, rue des Abbesses. 35
Gottlob, 27, rue de Seine. 40—60
*Goubault, 17, rue de Choiseul. 3 logé—4 75
Goubert, 98, faubourg Saint-Antoine. 30—40
Goumas, 97, rue de l'Hôtel-de-Ville. 30—40
Goupil, 9, rue du Bel-Respiro. 35—45
*Gourdon, 54, rue de l'Arbre-Sec. 40—60
Gourdon, 5, rue de l'Annonciation. 30
*Gouriot, 30, rue Saint-Marc. 3 50—5 25
Goussebayle, 41, rue Saint-Roch. 35—50
Gout, 19, rue Lemercier-Batignolles. 35
*Goyon, 2, rue Casimir-Delavigne. 40—60
Graux, 230, rue de Rivoli. 3 25—5
*Gray, 43, rue de Caumartin. 4—5 50
Grandemange, 44, rue des Rosiers. 35—50
Grandhomme, 106, rue de Montreuil. 30
Grandmoulin, 237, faubourg Saint-Martin. 35—45
*Grenat, 55, rue du Temple. 35—50
Grivot, 72, rue Turenne. 30—45
*Grivot, 47, rue d'Amsterdam. 3 50—5 25
Groisnel, 7, rue Gomboust. 35—45
*Gros, 18, boulevard Malesherbes.
Gros, 94, rue Croix-Nivert. 35—postiche payé 90
*Gros, 25, rue Neuve-Saint-Augustin. 4—5 25
*Grosbois, 22, rue de Beaune. 45 sec—65
Grosvalet, 95, rue des Amandiers. 30—40
*Guidon, 12, rue du Helder. 4—5 25
Gueneteau, 68, rue Oberkampf. 30—40

Guenéleau, 1, rue du Pont-Louis-Philippe. 35—50
Guénon, 25, rue de Buffault. 30
Guérard, 3, rue Lepic-Montmartre. 35
Guérard, 35, rue de la Paix-Batignolles. 30—40
*Guéret. 91, boulevard de Strasbourg. 3 50—5
Guérin, 31, rue Montmorency. 50 sec—80
Guerlet, 89, boulevard Richard-Lenoir. 45 sec—65
Guerrier, 15, rue St-Nicolas-Saint-Antoine. 35—45
Guestre, 106, rue Mouffetard. 30—40
*Guichard, 14, faubourg Poissonnière. 3 logé—5
*Guibert, 47, rue Sainte-Anne. 40—60
Guibert, 48, rue Benard. 30
Guidi, 30. rue du Chemin-Vert. 35—45
Guiet, 256, faubourg Saint-Martin. 35—45
*Guigeard. 31, place Cadet. 2 50—5
Guignard. 132, boulevard Magenta. 40—55
Gailbert, 2 boulevard d'Ivry. 35
Guillard. 2, cité Boufflers. 45 sec—65
Guillaume. 16, rue Saint-Florentin. 35—45
*Guillaumei, 34, rue Montmartre. 3 50—5
Guillaumont, 106, rue Popincourt. 30—40
Guillemin, 6, passage Ménilmontant. 35
Guillot, 3, boulevard de Courcelles. 30—40
Guisard, 42, boulevard Saint-Germain. 35—45
Gustin, 54, rue Folie-Méricourt. 30—40
*Guittard, 55, rue Bourgogne. 45—65
Guy (Ve). 103, rue Lecourbe. 30—40
Guyard, 8, pointe d'Ivry. 30
Guyard, 65, faubourg du Temple. 35—45
Guyon, 14, rue d'Angoulême. 30—40
*Guyon, 45, rue Richer. 5—6
Guyot, 8. boulevard des Vertus-Chapelle. 30
Guyot, 10, rue de la Voix-Verte. 35
Halnat, 97, rue du Rocher. 40—50
*Hamelin, 98, avenue des Champs-Elysées. 4 50—5 25
Hameau, 50, Grande-Rue-Chapelle. 35

*Hardouin, 41, rue Boissy-d'Anglas.   3 50—5
 Haricot, 14, passage Cherbourg.   3—5
 Harlay, 36, boulevard des Poissonniers.   55—45
 Haumesser, 89, rue Pascal.   35—45
 Hauteur, 13, place du Tertre.   30—40
 Hayes, 92, boulevard de Clichy.   35—45
 Hayes, 62, boulevard des Batignolles.   30—45
*Hecht, 38, rue Turbigo.   3—5 50
 Hélouin, 13, route d'Orléans.   30
 Hemann, 28, rue Fontaine-an-Roi.   30—40
 Hemery, 14, rue de Constantine-Chapelle.   35
 Henon, 19, route de Choisy-le-Roi.   30
*Heinemann, 66, rue du Temple.   40—55
 Henriot, 6, chaussée des Martyrs.   40—50
 Henry, 32, rue Michel-le-Comte.   40—55
 Henry, 2, rue Vaucanson.   35—45
 Henry, 10, rue Notre-Dame-de-Nazareth.   3 logé—5
 Herbet, 148, rue Saint-Maur.   35
 Hervelin, 1, rue du Parc-Vaugirard.   30
*Hesteau, 83, rue Vieille-du-Temple.   3 50—5
 Heuquet, 130, avenue de Clichy.   30—40
 Hilaire, 17, Grande-Rue-Batignolles.   35—45
 Hipp, 1, rue Cardinal-Lemoine.   40—50
*Hippolyte, 356, rue Saint-Honoré   5—6
*Hippolyte, 71, boulevard de Strasbourg.   3 25—5
 Hippolyte, 116 rue Oberkampf.   35—45
 Hippolyte (Vᵉ), 53, rue de Rivoli.   3—5 50
*Hollande, 2, rue Turbigo.   3—5 50
 Houdin, 1, r. de l'Ouest, chaussée du Maine.   30—40
 Houry, 133, rue de Charonne.   30—40
 Havette, 5, boulevard Richard-Lenoir.   35—50
 Huc, 17, rue de l'Echaudé.   30—45
 Huchet, 3, rue Lévisse.   35
 Huet, 1, rue de la Vierge.   30
 Huet, 82, rue de Vanves.   30
*Hugot, 40, boulevard Malesherbes.   4—5 50

Hugron, 14, rue Jean-Robert.   35
Huguet, 94, boulevard de l'Hôpital.   30—40
*Hulin, 4, boulevard Denain.   40—55
Huon, 28, rue de Reuilly.   30
Hurand, 4, rue de Charenton.   30—40
Hurand, 16, rue Michel-le-Comte.   40—55
Huret, 49, rue Philippe-de-Gérard.   35—55
Hy, 25, boulevard des Italiens.   3—5
Imhoff, 19, rue de Chaillot.   35—45
Izard, 179, rue de Vaugirard.   30—40
Jabaudon, 105, boulevard de Grenelle.   30—40
*Jacaud, 23, rue Royale.   4—5 50
Jackson, 72, rue de la Pépinière.   35—45
Jacob, 60, rue Lamartine.   40—55
Jacob, 380, rue Saint-Denis.   35—50
Jacquart, 67, chaussée du Maine.   30—40
Jacquin, 10, rue du Maroc-Chapelle.   30
Jacquin, 102, faubourg Saint-Denis.   35—45
Jacquoir, 6, boulevard de la Villette.   30
Jacta, 4, rue Chabanais.   40—50
Jager, 171, faubourg Saint-Antoine.   3 logé—4 75
Jaleau, 8, place Maubert.   35—45
Janet, 190, faubourg Saint-Denis.   35—45
Jannain, 9, rue Fabert.   30—40
*Janon, 46, rue Caumartin.   4—5
*Janniot, 178, rue Saint-Honoré.   3 50—5
*Jardonnet, 11, carrefour de l'Odéon.   4—5 50
Jardier, 13, rue Sainte-Anne.   40—55
Jean, 14, passage du Ponceau.   40—60
*Jeannin, 29, rue de la Michodière.   3 50—5
Jeannin, 7, rue Biron.   35—45
Jeannot, 8, square Napoléon.   30—40
Jeanrenaud, 6, rue d'Isly-Villette.   30
*Jesson, 3, rue Tronchet.   5—6
Jeunet, 1, r. du Vieux-Marché-St-Martin.   30—40
*Jobert, 94, rue Saint-Honoré.   3 logé—5

Joigny, 22, rue Aumaire.	35—45
Joix, 13, rue de Cotte.	30
Jonquières, 32, rue des Accacias.	35
Joron, 24, r. du Petit-Lion-Saint-Sauveur.	40—50
Joselme, 18, rue de Reuilly.	30
*Joseph, 6, rue de la Paix.	5—6
Jossier, 9, rue de la Charbonnière-Chapelle.	30
Joubert, 10, rue Lamartine.	40—55
Jouffe, 5, rue des Dames.	35—45
*Jouet, 3, rue du Helder.	3 50—5
*Jourdan, 111, faubourg Saint-Honoré.	4—5
Jourdan, 49, avenue Joséphine.	35—45
Jourdain, 153, r. de Grenelle-St-Germain.	30—40
*Jouve, 33, rue Bellechasse.	40—55
Jouvé, 13, rue des Anglais.	30—40
Jouvin, 76, rue Notre-Dame-de-Nazareth.	3 logé—5
Joyez, 54, boulevard Charonne.	35
Juin, 34, rue des Amandiers.	30—40
Junot, 4, rue Saint-Séverin.	40—55
Jurredieu, 121, boulevard Sébastopol.	3 50—5
*Kervran, 92, rue Saint-Martin.	40—60
Kirchen, 1, rue des Rosiers-Chapelle.	35—45
Kubler, 8, passage Feuillet.	25
*Kuenzy, 22, rue Laffite.	4—5
Labadie, 69, rue Constantine.	30
*Labarte, 89, rue Vieille-du-Temple.	35—50
Labat, 7, rue Lenoir.	35
*Labonne, 22, rue du Caire.	40—55
*Laborde, 5, rue Bleue.	45—60
Laborie, 7, rue Neuve-Sainte-Catherine.	35—45
Laborie, rue de la Croix-Boissière.	35—45
Labrige, 26, rue Saint-Benoit.	30—45
Labruguière, 7, rue de la Vrillière.	3 50—5
*Lacombe, 37, avenue des Champs-Elysées.	4—5 25
Lacombe, 184, faubourg Saint Martin.	40—50
Lacoste, 165, faubourg Poissonnière.	35—50

Lafond, 28, passage du Désir. 30—45
Lafond, 24, rue du Havre-Batignolles. 35
Lafontas, 170, faubourg Saint-Honoré. 3 logé—4 75
Lagant, 102, rue de Charonne. 30—40
Lagarde, 5, rue Gauthey. 35—45
Lagarde, 69, rue de la Glacière. 30
*Laglaine, 13, rue de Douai. 2 50—5
Lagny, 5, rue de Meaux-Villette. 30
Lagoursol, 113, faubourg du Temple. 30—40
Lagoute, 3, rue Philippe-de-Girard. 35
Lahaye, 58, rue de la Mare-Belleville. 30
Lahoreau, 81, rue Riquet. 35
Lajate, 30, rue Grégoire-de-Tours. 30—40
Lallemand, 31, rue Popincourt. 30—40
Lambert, 9, rue Serpente. 35—45
*Lambert, 43, rue Charlot. 40—50
Lamby, 252, rue de Charenton. 35
Lamer, 5, rue Linné. 30—40
Lamoureux, 71, rue Sedaine. 45 sec—60
Lamouroux, 114, rue de Sèvres. 35—45
Lamur, 63, Grande-Rue-Auteuil. 30—40
Lamy, 44, rue Compans-Belleville. 35—46
Lamy (V^e), 93, boulevard de la Gare. 30
*Lancelin, 7, rue de Beaune. 3 logé—5
Lanchais, 2, rue de Jouy. 35—45
Langard, 21, quai de Grenelle. 30
Lange, 261, faubourg Saint-Martin. 35—45
Langlais, 259, faubourg Saint-Antoine. 30
Langlois, 34, avenue de Clichy. 30
Lapaille, 4, rue Beaudricourt. 35
Lapalu, 40, rue de l'Orillon-Belleville. 30
Lapierre, 75, rue de Flandre. 30—40
Lappe, 13, rue des Bernardins. 35—45
Lapouge, 26, rue de l'Église. 30
Laré, 110, rue de Montreuil. 30
Laribe, 166, faubourg Saint-Denis. 35—45

Laridoux, 16, rue du Nord. 30
*Lariotte, 42, rue de l'Echiquier. 3 50—5
Larme, 223, rue de Flandre. 30—40
Laroche, 18, rue Vivienne. 2 50—5
Laroche, 66, boulevard de Belleville. 30
Larochette, 34, rue et Ile-Saint-Louis. 35—45
Larose, 175, rue Saint-Maur. 30
Larroque, 2, rue Saint-Nicolas-d'Antin. 35—45
*Larue, 48, passage du Saumon. 3—5 50
Larue, 34, rue Hauteville. 4—4 75
Larvor (Me), 6, rue Poissonnière. 40—55
*Lasnier, 52, rue Monsieur-le-Prince. 3 25—5 25
Lassalle, 24, boulevard de la Villette. 30
Lasserre, 1, rue de Montreuil. 35
Lasserre, 96, rue de la Tombe-Issoire. 30
Lassius, 2, rue Michel-le-Comte. 40—55
Lataix, 78, boulevard de Clichy. 30—40
Latinaux, 105, rue Saint-Maur. 35
Latour, 6, rue de Courty. 30
*Laudinet, 76, boulevard de Strasbourg. 3 50—5 25
Laurain, 149, route d'Italie. 30
*Laureau, 51, rue Saint-Denis. 45 sec—70
Laureau, 41, rue des Blancs-Manteaux. 50 sec—85
Laurency, 57, r. Neuve-des-Petits-Champs. 3 50—5
*Laurent, 9, rue Villedo. 3 25—5
Laurent, 88, rue Rochechouart. 35—55
Laurent, 54, rue Saint-Cler. 30—40
Laurent, 20, rue Saint-Laurent. 35—45
Lauvergnat, 15, rue Croix-Nivert. 35
Lauze, 68, rue d'Allemagne. 30
Lavallette, 26, rue Domrémy. 35
*Lavannant, 2, rue de Lavrillière. 3 50—5
Laventureux, 68, Grande-Rue-Chapelle. 30
Laverrière, 27, rue de l'Orillon. 30
Lay, 20, rue Vavin. 30—40
*Laya, 38, rue Bleue. 40—60

```
*Laymarie, 7. rue du Bac.                          45—55
 Laymarie, 12, avenue Malakoff.                    30
 Lebé, 2. rue Turenne.                             35—45
 Lebel, 29. Grande-Rue-Batignolles.               40—75
 Lebel. 19, rue de Nantes-Villette.                30
 Leblanc. 50. faubourg Saint-Denis.               35—50
 Leblond. 4. avenue Friedland.                     30—40
 Leblond. 60. quai des Ormes.                      35—45
*Lebœuf. 38. boulevard de Strasbourg.           3 50—5
 Lebois. 15. place Dauphine.                       45—70
 Lebossé, 5, passage du Grand-Cerf.          3 logé—5
 Lebouhec, 281. rue Saint-Jacques.                35—45
 Leboulengel. 15. avenue de la Grande-Armée. 35—45
 Lecam. 9. rue de Bondy.
 Lecannelier. 72. Grande-Rue de Vaugirard.  35
*Lecas, 28. rue de Grammont.                    3 50—5
 Lecellier, 17, rue des Plantes.                  30—40
 Lecelier. 51. rue de la Pépinière.               35—45
*Lechêne, 5, rue Le Peletier.                       4—5
 Lécheneaux, 75. Gde-Rue des Prés-St-Gerv. 30
 Leclerc. 41, avenue de Lamotte-Piquet.     35
 Lecompte, 2, passage Tivoli.                     30—45
 Lecomte. 69, rue de Rivoli.                        3—5
*Lecomte. 13. rue de la Paix.                       5—6
 Lecomte. 39, rue des Abesses-Montmartre.   35—50
 Lecoq. 318, rue Saint-Jacques.                   30—40
 Lecoq. 18, rue Ramey.                            30—40
*Lecornet (Vᵉ), 27, rue d'Hauteville.               4—5
 Lecorne, 11, rue Vandrezanne.               30
 Lecuqu, 32, rue des Bons-Enfants.                35—45
 Ledoux, 190. route de Choisy.               30
 Leduc, 30, passage de l'Alma.               30
 Lefèvre, 269, rue Lecourbe.                 30
 Lefranc, 71, r. Traversière-St-Antoine.   45 sec—60
 Legaar, 23, rue des Couronnes.                   30—40
 Légé, 222, rue de Rivoli.                          3—5
```

Légeret, 3, rue Clotaire.   35—45
Legrain, 33, avenue Malakoff-Passy.   30
Legrand, 125, rue de la Roquette.   30—40
Legrand. 88, rue de Vanves.   30
Legras, 29, rue de l'Arcade.   35
Legras (Ve), 5, route de Châtillon.   30
Legras, 7, rue Puebla.   30
Legros, 46, r. Traversière-St-Antoine.   45 sec—60
Legros, 18, rue de Jouy.   35—50
Legros, 4, passage Deschamps.   30
Legueret, 10, rue Jolivet.   30
Lelong, 93, rue d'Allemagne.   35
Lelong, 1, r. des Deux-Portes-St-Sauveur.   35—45
Lelong, 242, boulevard de la Villette.   30
Lelong, 38, rue Cambronne.   30
*Lelong, 8, rue de la Victoire.   3 25—5
Lemaire, 10, rue Nationale.   30
*Lemaire, 14, rue Le Peletier.   4—5
*Lemaire, 52, rue d'Aboukir.   3 50—5
Lemaître, 6, rue de l'Eglise-Batignolles.   30
Lemery, 72, Grane-Rude-Passy.   30
Lemeunier, 226, rue Saint-Maur.   30
Lemeunier, 4, rue Froissard.   45—45
*Lemoine, 6, quai des Orfèvres.   40—90
Lemonnier, 95, rue du Rocher.   30—40
Lemonnier, 21, rue de la Jussienne.   35—50
*Lemouland, 5, boulevard de Strasbourg.   3 50—5
*Lenfant, 5, rue Richer.   4—5 50
Lenoir, 17, rue des Tournelles.   35—45
*Lenormand, 54, r. Notre-Dame-de-Lorette. 4—5 25
Lentz, 52, rue de Seine.   40—55
Léon, 46, rue Legendre.   30
Léon, 181, faubourg Saint-Martin.   35—45
Léonard, 212, boulevard de la Villette.   30
*Léonard, 7, rue Joubert.   4—5
Léonard, 240, rue de Vanves.   30

*Léopold. 10, rue Castiglione.   3 50—5
Lepelletier, 19, rue de la Gaîté.   30—40
Leperchez, 73. rue de Paris.   30
Lepied. 18. rue Cambronne.   - 30
Lepinoy, 31. rue de Lévis-Batignolles. 35
*Lepoivre, 58. rue Saint-André-des-Arts. 3 50—5
Lequesne. 30. rue de Sèvres.   35—45
*Lequin, 23, rue de Miromènil.   45—65
Leray, 97. rue de Vaugirard-Vaugirard. 30
*Leroux. 21, rue de la Michodière.   4—5
*Leroy, 422. rue Saint-Honoré.   4—5
*Leroy. 355, rue Saint-Martin. 3 logé—4 75
*Leroy. 30. boulevard du Temple.   4—5
*Lesueur, 79, rue Taibout.   3 50—5
Lesjean, 15. rue des Grands-Augustins. 30—45
Lespès. 21. rue Richelieu.   3—6
Lessenne. 158. rue de Paris-Belleville. 30
Letellier. 98. rue Turenne.   35—45
Leteux. 9. rue du Vieux-Colombier. 40—50
Letissier, 64. rue Montparnasse.   30—40
*Létoffé. 28. rue Montholon.   45 sec—70
Leulier, 54. route d'Italie.   30
*Levant, 37. rue Richer.   3 50—5
Levasseur, 51, rue Ménilmontant.   30—40
Leveau. 3. rue de l'Ecole-Polytechnique. 35—45
Lewointre. 23, rue des Ursulines.   30—40
Lhermite. 26. r. de la Mairie-Montmartre. 30
*Lhomond. 88. r. de l'Ecole-de-Médecine. 40—55
L'huillier, 2, chaussée Clignancourt. 30—40
Liébert. 9. rue Billault.   40—60
Lieby. 22. rue de Charenton.   30—40
Liez. 14. faubourg Saint-Antoine.   30—45
Liguereux. 46. rue des Deux-Ecus.   35—50
*Ligon. 4. rue Neuve-des-Petits-Champs. 3 50—5
*Lissoty. 79. rue Miromènil.   40—55
L'official. 16. rue Béranger.   45—60

Loignon, 5, place Lévis-Batignolles.   30
Lointu, 20, rue Lacuée.   30
*Loiseau, 25, place Vendôme.   4—5 50
Loisel, 75, boulevard de la Gare.   30
Loison, 158, route d'Italie.   30
Lopé, 16, avenue des Ternes.   35
Lorgeré, 8, rue Vincent.   35
Lorillère, 31, rue des Dames-Batignolles.   30—40
Lory, 4, place du Petit-Pont.   30—40
Loudet, 24, rue des Accacias.   30
*Louiche, 47, rue Montpensier.   3 50—5
Louis, 44, rue Lemercier-Batignolles.   30
Louis, 26, rue Villaume.   35
Loy, 25, r. des Ecluses-Saint-Martin.   35—45
Luquet, 5, rue de Sartine.   35—50
Lutz, 30, rue de Poitou.   30—40
Lyon, 148, faubourg Saint-Denis.   33—45
Mabire, 2, quai Saint-Paul.   35
*Macé, 19, boulevard de la Madeleine.   5—6
Mady, 139, boulevard Saint-Michel.   20—35
Magné, 18, rue Blanche-Passy.   35
Magne, 112, rue Folie-Méricourt.   30—40
Magne, 11, rue Maillet.   30—40
Magneux, 106, rue des Dames-Batignolles.   30—40
Magnin, 4, rue Thouin. ·   35
Mailhos, 1, rue Boulainvilliers.   35
*Maillard, 63, rue Hauteville.   3 50—4 75
Maillat, 35, avenue des Ternes.   35
Maillot, 11, rue Nollet-Batignolles.   35
Maire, 37, Gde-Rue des Prés-St-Gervais.   30
Mairemangin, 37, rue d'Angoulême.   35
*Maison, 262, faubourg Saint-Honoré.   3 50—5
Maître, 23, rue Saint-Jacques.   40 sec—65
Maitre, 56, rue de la Pépinière.   35—45
*Malbaux, 36, rue Montaigne.   35—50
Malbert, 130, rue d'Allemagne.   30

Malinet, 1, route d'Italie.   30
Malvoisin, 9, rue Burq.   30
Manceau, 90, boulevard de Belleville.   30
Manguin, 21, place Roubaix.   35
*Manivet, 51, rue Morny.   35—45
Manus, 23, rue Blondel.   40—65
Mansard, 8, rue des Saussaies.   35
Marquaille, 6, rue Bénard.   30
Marcillac, 33, route d'Orléans.   30
Marchal (V^e), 103, boulevard Sébastopol.   3 50—5
Mares, 278, rue Charenton.   35
Marcotte, 31, rue Bièvre.   35—45
*Marcoud, 52, rue Provence.   4—5
Maréchal, 13, rue Lecourbe.   30
Maréchal, 27, rue Mazarine.   40—60
Marga, 26, Grande-Rue-Bercy.   30
*Mariage, 46, rue Luxembourg.   4—5
Marie, 4, rue Roubo.   35
Marie, 56, avenue de Clichy.   30
Marin, 11, rue Sedaine.   3 5—45
*Marissable, 134, rue Saint-Lazare.   35—50
*Marlet, 18, rue de la Fidélité.   40—55
Marlin, 82, rue du Vertbois.   35—50
Marlin, 2, rue Truffaut-Batignolles.
Marlonge, 20, rue Léon-Chapelle.   30—40
*Marmié, 13, rue Jacob.   3 50—5
*Marola, 22, rue de l'Arbre-Sec.   40—60
Mars, 38, rue Popincourt.   30—40
Martel, 83, rue Saint-Martin.   45 sec—65
Martelières, 13, rue des Dames-Ternes.   30
Mary, 63, rue d'Angoulême.   30—40
Mathias, 191, rue Charonne.   35
Martin, 95, rue Montreuil.   35
*Martin, 57, rue Neuve-Saint-Augustin.   3 50—5
*Martin, 12, rue Ménard.
*Martin, 18, rue Guénégaud.   3—4 50

Martin, 16, rue du Poirier.   3 75—4 75
*Martin, 2, rue Paradis-Poissonnière.   35—50
 Martin, 17, rue Saint-Germain-Charonne.   30
 Martin, 16, rue de la Verrerie.   35—50
*Martinens, 54, r. N.-D.-des-Victoires.   4—5 25
 Martinet, 1, rue Pinel.   30
 Martinet, 262, rue de Paris-Belleville.   30
 Marty, 4, rue Labat.   35
 Masschelin, 30, chaussée Clignancourt.   30—40
 Masse, 23, rue des Hayes.   30
 Masson, 88, rue Clichy.   35—45
*Masson, 19, boulevard Saint-Martin.   3 50—5 25
 Masson, 1, rue Baillif.   3 50—5
 Masson, 17, rue Croix-des-Petits-Champs.   3 50—5
 Massu, 20, rue du Sentier.   4—5
 Mathey, 37, rue de Ponthieu.   35—50
 Maxime, 19, rue Lamartine.   45—65
 Mayer, 38, rue de l'Ecole-de-Médecine. 3 logé—4 75
 Mathieu, 56, rue Marcadet-Chapelle.   30
 Mau, 33, rue Lepic.   30
 Mauco, 16, rue Delambre.   30
 Maurait, 6, r. de la Montagne-Ste-Geneviève. 35—45
 Maurert, 77, boulevard Montparnasse.   30—40
 Maurice, 13, rue Malard.   30—45
*Maury, 4, rue de l'Ecole-de-Médecine.   45 sec—65
*Mazy, 77, faubourg Saint-Honoré.   3 50—5
 Méhard, 43, rue Dauphine.   3—4 75
 Mejean, 41, boulevard Montparnasse.   30—40
*Melin, 19, rue Mazarine.   40—55
 Mellé, 46, rue Charonne.   30—40
*Mellier, 181, rue Saint-Dominique.   3 50—5
 Ménard, 86, rue de l'Ouest.   30—40
*Ménard, 12, rue Aubert.   4—5
 Menouvrier, 279, rue Charenton.   30
 Mentens, 87, rue Courcelles.   40—50
*Mercadier, 349, rue Saint-Denis.   3 50—4 75

        3.

Mercier, 11, rue Vilain.   39
Merlhiot, 28, rue de l'Ouest-Plaisance.   30
*Merlin, 20, rue Duphot.   4—5
Messaud, 32, rue d'Argenteuil.   -   40—55
Messinger, 6, rue Monsigny.   35—45
*Métais, 29, rue des Saints Pères.   40—60
Metté, 2, rue Neuve-Saint-Roch.   40—60
Metivet, 10, rue Vandam.   30—50
*Métivier, 95, rue Lafayette.   40—55
Métivier (V°), 10, rue de Lévis-Monceaux.   30
Meunier, 15, r. des Amandiers-Popincourt.   30—40
Meunier, 151, faubourg Saint-Antoine.   30—40
*Meurgé, 29, rue Saint-Honoré.   3 logé—4 75
Meurice, 18, passage Charlot-Ternes.   40
Meuriot, 13, avenue du Maine.   35
Meynier, 6, rue Folie-Méricourt.   30—40
Michel, 21, rue de l'Orillon-Belleville.   30
*Michel, 3, rue de l'Odéon.   3 50—5
*Michel, 61, passage Choiseul.   3 50—5
Michel, 9, avenue de Tourville.   30
Michel, 8, rue Folie-Méricourt.   30
Michel, 15, rue Sainte-Foy.   35—45
Michel, 98, rue Saint-Maur.   30
Michez, 47, rue Saint-Roch.   40—60
Michu, 10, rue Ducouédie.   30
Miédent, 226, rue Saint-Maur.   30
Mignot, 12, rue des Deux-Ecus.   40—55
Mignot (V°), 6, r. des Lavandières-St-Jacques.   30
Millardet, 28, boulevard de la Chapelle.   30
Millé, 98, boulevard de Belleville.   30
Millevoye, 55, rue de Paris.   30
*Million, 48, rue Rambuteau.   40—55
Minne, 30, rue Laborde.   35—45
*Miranda, 4, rue de la Coutellerie.   3 25—5
Mirasson, 3, rue Rougemont.   3 50—5
Mirck, 5, petite rue Royale.   40—50

```
*Milton, 7, rue des Filles-Saint-Thomas.        4 50—5
 Modin, 108, boulevard de la Gare.              30
*Moitre, 2, rue Louis-le Grand.                 3 50—5
 Mole, 44, rue Descartes.                        35—45
*Monain, 152. rue Saint-Honoré.                  50—65
*Mongeot, 136, rue d'Aboukir.            3 logé—4 75
 Mongredien, 16, rue des Dames-Batignolles. 30—40
 Monot, 6, rue du Ponceau.                       35—50
 Monnier, 10, rue du Théâtre.                    40
 Montarou, 4, passage de l'Ancre.               3 50—5
*Montigny, 37, r. Notre-Dame de Nazareth.       40—55
 Moquette, 92, rue des Dames Batignolles.       30
*Moreau, 5, rue de Bréda.                        3 50—5
*Moreau, 19, rue du Mail.                        3 50—5
 Moreau, 197. rue Saint-Antoine.                 40—55
 Moreau, 42, rue Lecourbe.                       30
 Morel, 7, rue de Lyon.                          30
 Moryand, 13. rue des Sept-Voies.               30
 Morin. 12, rue Montaigne.                       40—50
 Morin, 37, rue Descartes.                       35—45
 Morinet, 30, rue Véron.                         30
 Morizot, 128, barrière de Fontainebleau.       30
 Mortier, 196, rue d'Allemagne.                 30
 Moublet, 84, avenue de Saint-Ouen.             25
 Mougel, 63, boulevard de la Gare.              38
 Moulin, 35, rue Galande.                        35—50
 Mourgues, 4, rue du Pont-aux-Choux.            35—50
*Mourier, 33, rue du Petit-Carreau.             40—55
*Mourlan, 5. rue Lamartine.                      40—60
 Mouroux, 227, faubourg Saint-Martin.           35—50
 Moussac, 18, rue Chauveau-Lagarde.            3—4 75
 Moussard, 1, rue Montaigne.             40 sec—60
 Moussard, 3, rue des Orties-Saint-Honoré.      35—45
*Mousset, 3, rue de l'Echiquier.               4—4 75
*Mugner, 84, rue Saint-Lazare.                  4—5
 Mullet, 199, faubourg Saint-Antoine.           30—40
```

Mullet, 51, rue Marcadet-Chapelle.   30
Muraire, 1. r. des Deux-Portes-Saint-Jean. 30—40
Murschel (M°), 61. r. d'Angoulême-du-Tple. 30—40
*Mussard, 83. r. Neuve-de-la-Victoire.   45—55
*Musseux, 32. rue de Bourgogne.   45—60
Muzeuz, 8. passage de l'Industrie.   40—55
Navers, 37, boulevard de Sèvres.   30
Nébut, 31. faubourg Saint-Martin.   35—45
Nésistre. 192. rue Saint-Antoine.   40—55
*Nicaise. 97. rue Vieille-du-Temple.   3 50—4 75
Nicolas. 52, rue Longchamps.   30
Nicolas, 223. faubourg Saint-Antoine.   30—40
Nicolle, 23, rue Davy-Batignolles.   30
Niedt, 10, rue Ramponneau.   30
Nigou. 11. rue Puebla.   30
Ninot. 14. rue Vavin.   35—45
Nitzel. 4, rue Saint-Denis-Montmartre.   30
Nivelle. 23. rue Gaillon.   35—50
*Nodes. 41. rue Caumartin.   3 50—5
Noël, 36. Grande-Rue-Passy.   30
*Noirat. 7. rue Neuve-des-Capucines.   4—5
Normand, 20, rue des Gravilliers.   40—70
Normand, 22. rue des Dames-Batignolles.   30
Normandin, passage des Pavillons.   5
*Normandin (V°). 19. passage Choiseul.   5
*Nouvel. 22. rue Racine.   40—60
Nouvel, 2. r. de la Carrière-Montmartre.   30
Nutte, 78. boulevard des Amandiers.   30
*Oldé, 333. rue Saint-Denis.   40—60
*Olivier. 30. rue Taibout.   3 50—5
Olivier, 108. rue de Meaux-Villette.   30
Oran, 148, rue Montmartre.   3 50—5
Orgerit. 81, rue des Couronnes-Belleville.   30
Oster, 19, cours de Vincennes.   30
Pagès, 88, rue Oberkampf.   35—45
Paillaud, 8, rue Cambronne.   30

Pailleux, 25, rue Constantine-Plaisance. 30
Palazy, 19, rue des Marais. 45 sec—55
*Palle, 7, rue Saint-Marc. 40—60
*Palbier, 1, rue des Petits-Pères. 4—5
Pariat, 72, avenue de Saint-Ouen. 30
Paris, 5, rue Keller. 3 50—5
Parpalloux, 113, rue de la Chapelle. 30
Pascal, 14, rue Chauveau-Lagarde. 4—5
*Pascaud, 148, rue Saint-Denis. 3 50—5
Passé, 27, rue Ménilmontant. 30—40
*Pasquer, 58, rue Bellechasse. 40—55
Pasquer, 1, rue Léon-Chapelle. 30
*Pasquier, 1, rue aux Ours. 3 50—4 75
Pasquier, 34, rue de Romainville. 30
Pasquier, 74, rue de Clichy. 35—45
Passebois, 106, rue d'Allemagne. 30
Passemard, 52, rue Galilée. 4—5 50
Patat, 16, rue de l'Evêque. 30
Pauchet, 115, rue Folie-Méricourt. 50
Paul, 78, rue des Amandiers-Popincourt. 30—40
Paupelin, 1, rue Mansard. 35—45
Pavy, 85, rue de Bercy. 30
Pavy, 3, rue Bichat. 30—40
Payen, 13, rue Constantine. 30
Payroux, 36, rue Rebeval-Belleville. 30
Péan, 63, rue de la Roquette. 30—40
Péan, 61, rue de la Tombe-Issoire. 30
Peillion, 14, rue de Lancry. 30—40
Peitz, 93, boulevard du Prince-Eugène. 30—45
Pelletier, 1, passage des Petites-Boucheries. 35—45
Pelletier, 60, rue Meslay. 40—55
*Pélissier, 62, faubourg Saint-Martin. 35—50
Pépin, 12, avenue Lowendal. 30
Perroux, 72, rue Rebeval. 30
*Perez, 51, boulevard du Prince-Engène. 3 50—4 75
Péricot, 1, rue de Marseille. 30

*Peronin, 43, rue de Cléry.   35—50
Pérot, 49, rue Philippe-de-Gérard.   100—115
Perot, 84, rue des Trois-Couronnes.   30
*Perrier, 4, rue des Mauvais-Garçons.   35—50
Perrier, 13, rue de Chalon.   30
*Perrin, 26, rue Trévise,   35—50
Perrot, 4, rue de Crussol.   30—45
Perrotin, 19, rue des Partans.   30
Perruchot, 8, rue des Charbonniers.   30
Perthuit, 129, faubourg Saint-Martin.   35—45
Pescadère, 39, r. des Amandiers-Popincourt. 30—40
Petel, 5, rue de la Monnaie.   3 50—5
Petit, 79, rue des Amandiers.   30
*Petit, 37, rue des Martyrs.   45 sec—65
Petit, 153, rue Charenton.   30
Petit, 113, rue de Flandre.   30
Petit, 149, boulevard du Prince-Eugène.   30—40
Petit, 116, rue de Rivoli.   3—5
Petit (V⁰), 64, r. St-Germain-l'Auxerrois.   30—45
Petit, 51, rue des Dames.   30
Petit, 118, rue de Bercy.   30—40
Petit, 133, rue de la Pompe.   30
Petit, 23, rue de Meaux,   30
Petitat, 84, rue de Montreuil.   30
Petiteau, 29, rue de Lyon.   30
Petremant, 39, rue du Château-Plaisance.   30
*Petrovisk, 75, boulevard Saint-Germain.   3 50—5
*Petrus, 6, rue Castiglione.   3 50—5
Petrus, 1, rue Pagevin.   45 sec—75
*Peyronnet, 3, rue d'Amsterdam.   4 50—4 75
Peyronnil, 18, chaussée Ménilmontant.   30—40
Peyruc, 6, cité Gaillard.   30—40
Peytou, 17, rue François-Miron.   30—40
Philippe, 81, rue du Château-d'Eau.   3 50—4 75
*Philippe, 69, rue Vieille-du-Temple.   3 50—5
Philippeaux, 116, boulevard Ménilmontant. 30

Picard, 24, rue Maître-Albert.   30 — 40
Pichard, 34, rue Puebla.   30
Pichard, 114, rue de Paris-Belleville.   30
Picheray, 83, rue Mouffetard.   35 — 45
Pichon. 143, rue Saint-Jacques.   45 sec — 65
Pichon, 114, Grande-Rue-Chapelle.   30
Picque (V°), 54, rue et Ile-Seint-Louis.   35 — 45
Pidolot, 191, rue Lecourbe.   30
Pierre, 33, rue Rebeval.   30
Pierre, 128, rue de Charonne.   30
Pierron (Mlle), 55, rue Blomet-Vaugirard.   30
*Piet, 34, rue de la Tour-d'Auvergne.   40 — 60
Piffard, 17, rue Moreau.   30
Pigeon, 5. boulevard Meudon.   30
Pignet, 237, rue de Charenton.   30
Pignet, 50, rue de Bercy-Bercy.   30
Pillet, 1, rue Dupuis-du-Temple.   30 — 40
Pillois, 3, rue de Lancry.   35 — 45
Pillois, 8, rue de Metz.   40 — 55
*Pillot, 139, rue Saint-Honoré.   3 50 — 5
Pimpe, 109, rue de Paris-Charonne.   30
*Pin, 82, rue du Bac.   30
Pinard, 32, rue Folie-Regnault.   30
Pinaud, 37, rue Corbeau.   35
*Pinchaud, 14, rue Poissonnière.   45 — 60
Pinon, 24, rue Bonaparte.   3 50 — 4 75
*Pinseau, 62, rue Saintonge.   40 — 60
Pipart, 180, Cours-la-Reine.   30
Pipelard, 7, chaussée du Maine.   30 — 40
Piquet, 52, rue du Cherche-Midi.   45 — 45
Pitard, 38, Grande-Rue, Point-du-Jour.   30
Pitolet, 47, rue de la Paix.   5 — 6
Plisson, 51, rue Saint-Sauveur.   35 — 50
Plcs, 175, rue Charenton.   30
Pluvinage, 115, avenue de Clichy.   30
Poidevin, 56, rue Fontaine-au-Roi.   30

Poincet, 4, rue des Abbesses.   60
Pointard, 18. boulevard Bonne-Nouvelle.   4—5
Poisson. 24. rue Violet.   30—40
Police. 35. rue Grenetat.   -   40—55
Pollet. 8. rue Beaurepaire.   35
Pommellec. 1. rue Dénoyez-Belleville.   30
Poncelin. 19. rue Davy-Batignolles.   30
Ponice. 63. rue du Théâtre-Grenelle.   30
Pons, 30. rue Grange-aux-Belles.   35
*Ponté. 50. galerie Montpensier.   5
Ponthieu. 16. r. Geoffroy-Saint-Hilaire.   35—45
Porret. 44, rue de l'Ouest-Plaisance.   35
Porier. 7. rue des Carrières-Villette.   30
Potherat. 12. rue du Centre-Charonne.   30
*Pothier. 221. rue Saint-Honoré.   3 50—4 75
Pottier. 19. rue des Deux-Portes-St-Sauveur.35—45
Potier. 8, r. Ste-Croix-de-la-Bretonnerie.   35—50
*Potiguet. 16. faubourg Montmartre.   3 24—5
*Pottier. 5. place de la Sorbonne.   3 25—5
Pouclet. 3. rue des Patriarches.   30
Pouguet. 21. rue du Chevalleret.   30
Poulain, 11. impasse du Progrès.   30
Poulain, 74, rue Cambronne.   30
*Poulette, 4, faubourg Montmartre.   3 25—5
*Poulier, 10, rue de la Bourse.   4—5
*Poupet, 133, rue Saint-Honoré.   3 logé—4 75
Pouponnot, 20, r. des Jardins-St-Paul.   30—40
*Pourquies, 31, rue de Provence.   35—55
*Poussard, 63, rue de Provence.   40—60
Préaux, 4, rue Lourmel.   30
Prété, 57, rue de Turenne.   30—40
Prété, 101, faubourg du Temple.   35—45
Preux, 24, passage de l'Alma.   30
Prévost, 18, boulevard de la Chopinette.   · 35
Prévost, 13, rue de Tracy.   40—55
Prévot, 95, rue Lecourbe.   30

Prieux, 111, faubourg Poissonnière.   35—45
Prost, 53, rue du Chateau-d'Eau,   40—55
Prost, 185, rue de Charenton.   30
Prouvillain, 70, rue d'Angoulême.   30—40
Prudhomme, 6, rue de la Paix-Batignolles.   30
*Prudhomme, 20, rue d'Argout.   3 50—4 75
Prudhomme, 4, rue du Camp-Français.   36
Puybonnieux, 17, rue de l'Ouest.   30
Puyoou, 12, place Péreire.   35—45
Puyot, 25, boulevard Montparnasse.   30—40
*Quaniska, 102, rue Blanche.   35—45
*Quentin, 21, passage Bourg-l'Abbé.   3 50—5
*Quentin, 3, rue du Luxembourg.   35—50
*Quentin, 22, rue Dauphine.   4—6
Rabasse, 82, gare d'Ivry.   30
*Radiguet, 27, rue de la Chaussée-d'Antin. 3 50—5
Rafanel, 102, rue de Charonne.   30
Rainaud, 203, faubourg Saint-Martin. 3 logé—4 50
Ranciat, 22, rue Grange-Batelière.   3 25—5
*Randon, 54, rue de Seine.   3 50—5
Ravelu, 12, rue de la Boucherie-des-Inval.   30
Ravily, 30, boulevard de l'Hôpital.   35—45
*Razurel, 28, rue de Flandre.   30—40
Réauthé, 37, rue Boulard.   35
Reboul, 37, passage Tocanier.   30
*Recorda, 33, faubourg Montmartre.   3 25—5
Resche, 20, rue de la Glacière.   30
Reine, 17, rue de l'Hôtel-Colbert.   30—40
Reinhart, 11, rue de la Comète-des-Inval.   30
Remon, 22, rue de la Huchette.   35—45
Renard, 153, rue de Flandre.   30
Renaud, 1, rue du Grand-Chantier.   35—45
Renaud (Ve), 10, rue de Reuilly.   30
Renaud, 186, quai Jemmapes.   30
*Renou, 9, rue Saint-Georges.   35—45
Renouard, 189, rue Lafayette.   40—50

Renoult, 116, rue Oberkampf.   35—45
Rey, 117, Grande-Rue-Chapelle.   30
*Reymond, 2, rue du Cherche-Midi.   3 25—5
*Reynaud, 16, rue Neuve-St-Augustin.   35 —50
Ricard, 98, rue de Paris.   30
Richard. 3, rue Cloche-Perche.   30
Richard, 12, rue Vivienne.   2 50—5
Richard, 21, rue des Trois-Bornes.   30
Richard, 3, rue de Nancy-Villette.   30
*Richard, 1, rue des Ecouffes.   3 50—5
Richard, 39, rue Neuve-des-Mathurins.   45—60
Richer, 127, faubourg du Temple.   40—55
Richer, 27, avenue Trudaine.   35—45
*Richier, 10, rue de Beaune.   3 logé—4 75
Richy (V^e), 35, rue Oberkampf.   35—45
Ridard, 231, rue de Paris-Belleville.   30
Rimpaut, 22, r. du Pont-Louis-Philippe. 3 50—4 75
Riot (V^e), 18, avenue Lowendal.   35
*Ricard, boulevard Beaumarchais.   3 50— 4 75
Riquebourg, 77, faubourg Saint-Denis.   3
Rivet, 231, rue de Charenton.   30
Rivon, 61, rue des Entrepreneurs.   25
Ribert, 40, avenue de la Mothe-Piquet.   30
Robert, 10, rue de la Poterie.   35—45
Robert, 103, rue des Amandiers.   30
*Robert, 4, rue de Sèvres.   3 50—5
*Robert, 62, faubourg Montmartre.
Robert, 3, rue de Liteaux.   35
Robin, rue et place Laborde.   35
Robinot, 5, place de l'Eglise-Batignolles.   30
Roche, 48, rue de Lancry.   30—40
Roche, 4, faubourg Saint-Jacques.   30
Rochelot, 21, r. des Francs-Bourgeois. 50 pas logé—90
Rodot, 63, rue Rambuteau.   3 50—4 75
Rodzinsky, 16, rue Lepic-Montmartre.   39
Rogat, 12, boulevard Poissonnière.

Roger, 33, rue de la Grande-Truanderie. 30—40
*Roger, 35, rue Grenelle-Saint-Germain. 35—50
Rolland, 26, passage Saint-Louis. 30
Roman, 66, rue Moreau. 20—25
Rombeau, 28, rue Durantin-Montmartre. 30
Ronchaud, 15, route du Transit-Grenelle. 30
Roncin, 203, rue de Vaugirard-Vaugirard. 30
Rondeau, 15, rue de Sébastopol. 25
Rondeau, 12, boulevard des Poissonniers. 30
Rondinet, 32, rue Basfroy. 35—45
Ronger, 1, route d'Orléans. 30
Ronzier, 35, rue de Turenne. 30—40
Rose (Vᵉ), 8, rue Lévis. 30
*Roose, 6, rue Saint-Denis. 35—50
*Rossel, 9, galerie d'Orléans. 5
*Rosser, 48, rue d'Amsterdam. 3 25—5
Roux, 58, rue du Ruisseau-Montmartre. 30
Rouffia, 23, rue et passage Vendôme. 5
Rouillard, 9, rue Amélie. 35
Rouillon, 177, rue de la Roquette. 30—40
Rousseau, 13, faubourg Saint-Martin. 35—50
Rousseau, 287, rue Charenton-Bercy. 30
Rousseau, 31, rue Saint-Maur-Popincourt. 30
Rousseau, 1, passage Charlemagne. 30
*Rousseau, 39, boulevard Sébastopol. 3 50—5
Rousseau, 25, boulevard d'Arcueil. 25
Roussel, 51, rue Rebeval-Belleville. 20
Roussel, 25, rue de la Grande-Truanderie. 35—45
*Rousselet, 1, boulevard Saint-Denis. 3 50—5
Rousselle, 3, rue Fontaine-au-Roi. 35—45
Rousset, 2, passage Blanchard. 30
Rousier, 62, rue de la Pépinière. 35—45
Roux, 25, rue Beethoven-Passy. 30
Rouzier, 15, rue des Couronnes-Belleville. 30
Royer, 65, rue Sainte-Anne. 40—55
Royer, 14, rue Lourmel. 30

Royère, 42, rue Kléber.   30
*Royon, 55, rue Neuve-des-Petits-Champs. 3 25—5
Royon, 36, rue Vauneau.   30—40
Roze (V^e). 1, rue Rousselet.   30
Roze. 24, boulevard de la Chapelle.   35
Sacq. 14, rue Bellefond.   35
Sagne (V^e). 57, rue Montmartre.   3 50—5
Saint, 32, rue Haute-du-Transit.   30
*Sainto, 5 ∞, rue Charlot.   40—55
*Saintefoy, 5, rue d'Enghien.   45—60
Sainteran^d, 12, r. du Four-St-Germain. 3 logé—4 25
Salantey, 7, rue Papillon. t   35
*Salerin, 54, faubourg Sain-Honoré.   4 —5
Salignac, 6, rue de la Goutte-d'Or.   30
Sampo, 32, rue Sedaine. t   35—45
*Sanchez, 4, rue du Bouloi.   40—55
Sancy (V^e). 106. faubourg du Temple.   30—40
Sansot, 50. rue Dauphine.   3 logé—4 75
Sarazin. 129, rue de Flandre.   30
*Sardin. 22, place Saint-André-des-Arts.   3 50—5
Sarsat, 102, avenue de Clichy.   30
Saulais. 17, rue d'Orléans-Saint-Honoré.   35—45
Saumur, 46. rue Oberkampf.   35—50
Saunier, 76. boul. du Prince-Eugène. 3 50—4 75
Savaton. 3. rue Cadet.   3 50—5
*Schindelé, 9. r. Notre-Dame-des-Victoires,   5
*Schmit, 44, rue du Dragon.   40—55
Schmit, 67, rue du Chemin-de-Fer,   30
Schmit, 126, boulevard Mazas.   30
Schuet, 16. place de la Mairie.   25
*Schuller, 19, rue des Martyrs.   40—55
Secouet, 191, rue Vaugirard.   30—40
Ségata, 126, rue d'Allemagne.   35
Sellier, 76, rue Linné.   35—45
Selzer, 128, boulevard de la Villette.   30
Sergent (V^e), 16, boulevard de la Villette.   30

Servan, 129, faubourg du Temple.   3é—45
Servan, 77, rue de Paris.   30
*Servol, 18, rue Favart.   4—5
Seve, 27, avenue de la Mothe-Piquet.   35
*Silé, 24, rue d'Aboukir.   3 50—4 75
Simond, 84, route d'Italie.   35
Simon, 48, rue de la Roquette.   30—40
Simon, 39, rue de Vanves.   30
Simon, 94, boulevard des Batignolles.   35—45
Simonne, 214, rue de Rivoli.   3 25—5
*Sint, 35, r. Neuve-des-Petits-Champs.   3 50—4 75
Sinot, 50, rue de Clichy.   35—45
Soiron, 10, rue Tourtille.   30
Souale (Vᵉ), 126, rue de Flandre.   30
Souchauld, 10, rue Richelieu.   3—5
Soufflet, 2, rue Doudeauville.   25
Soum, 6, rue Chevreuse.   30
Sourbelle, 15, rue Maubuée.   35
Sourdeval, 36, rue de Flandre.   30
Soutg, 4, rue Gît-le-Cœur.   35—45
Soyez, 64, quai de la Rapée.   30
Stefen, 95, rue Legendre.   30
Stiévenard, 5, rue Vauvilliers.   40—50
Suchet, 194, boulevard de Belleville.   30
Sudrac, 85, rue Lecourbe-Vaugirard.   30
Suraud, 31, boul. de Strasbourg. Pte Villette.   30
Sureau, 11, rue de la Tombe-Issoire.   30
Sustrac, 85, rue Legendre-Batignolles.   30
*Sygrand, 7, rue Royale.   3 75—5
*Syret (Vᵉ), 28, r. Jean-Jacques-Rousseau.   40—55
*Syret, 62, rue Saintonge.   45 sec—65
Taine, 3, rue du Département.   25
Talon, 51, rue de la Goutte-d'Or.   30
Taragnat, 38, rue des Amandiers-Popinc.   30
Tardy, 2, passage du Désir.   40—55
Tascher, 35, rue Vivienne.   2 50—5

Tassel, 47, rue des Trois-Couronnes. 30
Tassin, 2. rue Gallois-Bercy. 35
Tellier, 226, rue Saint-Maur. 30
*Tellier, 92, rue Rochechouart. 40—50
Terenne, 10, r. du Marché-St-Honoré. 35—45
Terrenoire, 102, rue Saint-Antoine. 3 50 - 5
Terrier, 1, rue des Grands-Degrés. 30
*Terriou, 37, rue Miroménil. 40—55
Tessandier, 4. rue Feutrier. 30
Tessereau, 23. rue Thiers. 35
Tessier, 92, boulevard de la Villette. 30
Tessier, 5. rue Houdan. 25
Testelin, 45. rue Crozatier. 30
Thébaut, 143, boulevard d'Italie. 30
Théroine, 139, rue Montmartre.
Theurier, 2, rue Gambay. 30
Thévenet, 38, rue Réaumur. 40—50
Thiais, 41. rue Marcadet. 30
*Tibierge, 4. rue Vide-Gousset. 3 75—5
Thiéry, 80. Grande-Rue-Bercy. 30
*Thomas, 164, rue Montmartre.
Thomas, 3, rue d'Amboise. 35—45
Thomasset, 16, r. Ste-Barbe-Bonne-Nouvelle. 30—40
Thomassin, 34, rue des Cendriers. 35
Thorel, 84, boulevard Rochechouart. 30
*Thorel, 31, rue de Douai. 3 30—4 75
Thory, 11, rue Moret. 35
Thouin, 8, rue Saint-Paul. 30—40
Thuilliard, 6, rue Laval prolongée. 30
Thulleau, 60, rue de la Mare-Belleville. 30
Thuillier, 22, rue de Nemours. 30—40
Titot, 9, route de Montreuil. 35
Tixier, 9, passage Chausson. 30
*Tony, 76, rue du Cherche-Midi. 35—45
Toloza, 8, rue de Buffault. 30
Touchard, 2, rue du Marché. 30

Toulousand (V°), 59, rue Beaubourg.	30
*Toulouse, 218, rue Saint-Antoine.	3 50—4 75
Tourart, 4, rue Grange-aux-Belles.	30
Tournaillon, 13, rue Beaubourg.	30
Tournié, 37, rue de Rivoli.	3 50—5
*Tourtourat, 211, rue Saint-Honoré.	3 50—5
*Touya, 10, rue Saint-Sulpice.	40—60
Travailleur, 183, faubourg Saint-Antoine.	30—40
Travers, 167, rue d'Allemagne.	30
Tréguier, 28, route d'Orléans.	30—55
Tréguier, 74, boulevard des Batignolles.	30—40
Tréhin, 15, rue d'Allemagne.	30—40
Triboudet, 2, rue Albouy.	30—40
Trinelle, 98, rue de Paris-Belleville.	30
*Tronche (V°), 42, faubourg Poissonnière.	45—65
*Troupillon, 42, aven. des Champs-Elysées.	5—6
*Trouvé, 55, rue Saint-Lazare.	40—60
Truel, 3, rue des Fossés-Saint-Marcel.	30
*Turlutte, 40, rue de Verneuil.	40—60
Turmolle, 17, rue de la Collégiale.	30
*Turquais, 81, rue d'Aboukir.	40—65
Turquetil, 107, rue de Sèvres.	35—45
Turquety, 5, rue Pauquet-de-Ville-Just.	30
Urfier, 59, r. Traversière-Saint-Antoine.	30—40
Ursent, 13, rue des Cannettes.	30—40
Ursen, 132, rue Vaugirard.	30—45
Vaaste, 126, boulevard de la Chapelle.	30
Vachal, 76, rue Croix-Nivert.	35
Vachet, 7, rue Gaillon.	40—55
*Valençon, 25, rue du Helder.	
Valentin, 50, rue de Flandre-Villette.	30
*Valentin, 53, boulevard Malesherbes.	5
Vallagnose, 17, boulevard des Italiens.	2 50—5
*Valerius, 6, r. Notre-Dame-des-Victoires.	5
Valette, 1, rue Pernelle.	35—55
Valomer, 35, r. de l'Oratoire-du-Roule.	40—55

Vandam, 24, rue de Bondy. 3 50—5
Vandam. 80, boulevard Sébastopol. 3 25—5
Vandevyver, 17, rue du Pressoir-Batignolles. 30
*Vaneck. 45, rue Rochechouart. 30 —45
Van-Loocke, 10, rue Saint-Bernard. 30
*Vantienne, 98, rue Lafayette. 40—55
*Varichon. 27, rue de la Tour-d'Auvergne. 45—65
Vaesen, 90. avenue de Clichy. 30
*Vasseur, 3, rue du 29 Juillet. 3 25—5
Vanjour, 14, rue Lourmel. 30
Vauquelin, 82, rue de la Tombe-Issoire. 30
Vaute, 69, Grande-Rue de Reuilly. 30
Veaulin, 114, Grande-Rue-Bercy. 35
Védel, 3, rue de l'Orillon. 30
*Védie, 207, rue Saint-Martin. 3 50—5
Verdavoine, 25, rue Lévis-Batignolles. 25
*Véret, 416, rue Saint-Honoré. 4—5
*Verges, 78, rue de la Paix-Batignolles. 30
Vergina, 26, rue Gaudot-de-Mauroy. 40—55
Vergne, 15. rue Richelieu. 2 50—5
Vergniaud, 58, rue des Poissonniers. 35
Vergniaud, 22, Grande-Rue-Chapelle. 35
Véron, 42, rue de Londres. 35—45
Véron, 4, rue Mercœur. 30
*Veuillet. 37, rue Louis-le-Grand. 45—65
Viboud, 54, rue du Roi-de-Sicile. 40—60
Victor, 4, rue de la Tombe-Issoire. 30
Vidalliet, 89, rue Vaugirard. 30—40
*Viet, 1, rue Sedaine. 35—45
Vigier, 41, rue du Colysée. 30—40
Vigneau, 87, rue Ménilmontant. 35—45
Villate, 8, rue Grange-Batelière. 3 50—5 50
Valomer, 35, rue Billault. 4—5
*Villemiane, 34, rue Saint-Marc. 40—65
Vinaugé, 102, boulevard Ménilmontant. 30
Vinchon, 58, avenue de la Mothe-Piquet. 30

Vinson, 21, rue Richelieu.   3—5
*Vintz, 4, rue Victor-Cousin.   3 50—5
*Virmendois, 186, rue de Rivoli.   4—5
*Vivien, 83, rue du Cherche-Midi.   35—45
Vongoft (V^e), 102, rue de Charenton.   30
Vrillotte, 1, rue Cuissard-Auteuil.   30
*Wallimann, 99, rue Saint-Lazare.   3 50—5
Wagner, 5, avenue des Ternes.   30
Waner, 13, rue de la Villette.   30
Warbeck, 128, rue Saint-Maur.   30
Warré, 16, rue de l'Hôtel-de-Ville.   35—45
Wasmer, 30, avenue du Maine.   30
*Weztshein, 84, rue des Martyrs.   3 75—5
Willems (V^e), 9, rue de l'Arcade.   30
*Willemot, 26, rue Vieille-du-Temple.   3 50—4 75
Winkein (M^e), 20, rue du Commerce-Gren.   30
Woirhage, 64, rue Pigale.   40—55
Xavier (V^e), 6, r. des Bourdonnais. 35 Pche payé—65
*Yardin, 40, faubourg Montmartre.   3 50—5
Yon, 1, rue de la Vierge-Grenelle.   30
Zimermann, 6e division aux Invalides.
*Zipper, 52, rue d'Enghien.   3 50—4 75
*Zoegger, 8, rue d'Hauteville.   4—5

MM. LES PROFESSEURS DE COIFFURE

LES PLUS RENOMMÉS DE LA CAPITALE.

Aubert, 51, rue Taibout.
Auguste, 7, rue de la Paix.
Balade, 43, rue Taibout.
Bigos, 14, faubourg Saint-Honoré.
Bony, 62, rue Tiquetonne.
Boutin, 2, rue Mesnard.
Charansol, 11, rue du 29 Juillet.
Chollet, 89, rue Myrrha.
Christmann, 8, rue de Courcelles.
Collomp, 4, rue Duphot.
Couget, 17, rue Réaumur.
Dauvergne, 17, rue Montyon.
Desmarest, 16, rue Boucher.
Dondel, 2, rue Tronchet.
Dreux, 18, rue Tronchet.
Faisandier, 17, rue Feydeau.
Ferrero, 85, rue Turbigo.
Foubert, 23, rue du Colysée.
Gandolle, 32, boulevard Saint-Michel.
Garand, 37, rue Tronchet.
Gay, 203, faubourg Saint-Honoré.
Guéret, 91, boulevard de Strasbourg.
Guignard, 31, place Cadet.
Guyon, 45, rue Richer.
Hugot, 40, boulevard Malesherbes.

Larue, 48, passage du Saumon.
Laurent, 9, rue Villedo.
Leblond, 4, avenue Friedland.
Lemery, 72, Grande-Rue-Passy.
Lepoivre, 51, rue Saint-André-des-Arts.
Leroy, 422, rue Saint-Honoré.
Maillot, passage Vivienne.
Messinger, 6, rue Monsigny.
Mourlan, 5, rue Lamartine.
Noirat, 7, rue Neuve-des-Capucines.
Pascal, 14, rue Chauveau-Lagarde.
Perrier, 4, rue des Mauvais-Garçons.
Pétrowiski, 75, boulevard Saint-Germain.
Prevost, 13, rue de Tracy.
Peillon, 15, rue de Lancry.
Reymond, 2, rue du Cherche-Midi.
Randon, 54, rue de Seine.
Richard, 39, rue Neuve-des-Mathurins.
Vandam, 54, rue de Bondy.
Vintz, 4, rue Victor-Cousin.
Virmendois, 186, rue de Rivoli.
Zippert, 52, rue d'Enghien.

HISTORIQUE

DE LA

BARBE ET DE LA CHEVELURE

Depuis l'antiquité jusqu'à nos jours.

Depuis les temps les plus reculés la chevelure a toujours été placée en première ligne dans l'histoire de la civilisation.

Elle a toujours été considérée comme un signe de force et de puissance.

Une fois rasé Samson fut impuissant. (Sa force résidait donc pleinement dans sa plantureuse chevelure qui n'avait jamais subi les atteintes du ciseau.)

De nos jours, en Chine, on rase un condamné pour le flétrir. Et on se moque en France de ceux qui sont forcés de porter perruque. Les peuples de l'orient ont toujours porté la barbe longue. Et dans l'occident les Romains conservèrent cette coutume jusques vers le IIe siècle avant Jésus-Christ.

Mais alors l'usage de se raser devint obligatoire sauf pour les époques de deuil où on laissait croître la barbe en entier.

D'après Pline l'historien, les Romains ne commencèrent à se raser qu'en l'an de Rome 454.

Les premiers barbiers vinrent de la Sicile.

Scipion l'africain fut le premier qui fît venir la mode de se raser chaque jour. Les Romains ne se rasaient point jusqu'à l'âge de vingt et un ou vingt-deux ans. Ils se contentaient de se couper avec des ciseaux les poils de la barbe qui devenaient trop longs. Arrivés à cet âge, ils commençaient à se faire raser jusqu'à celui de quarante-neuf.

Cet âge passé l'usage de porter la barbe entière devenait obligatoire.

Ils avaient pour coutume de se faire des visites de cérémonie et de régaler leurs parents et amis lorsque leurs enfants avaient atteint l'âge de puberté et qu'on les rasaient pour la première fois. En même temps on leur coupait les cheveux; c'était une cérémonie de religion car on jetait une partie des cheveux au feu en l'honneur d'Apollon et l'autre dans l'eau en l'honneur de Neptune, parceque les cheveux naissent de l'humidité et de la chaleur.

Quant à la barbe on la gardait par superstition dans une boîte précieuse.

Chez les anciens Gaulois, la longue chevelure était une marque d'honneur et de liberté.

César qui leur ôta la liberté leur fit couper les cheveux.

Un article d'Alphonse Karr nous fournit un exemple de l'importance du barbier gaulois à cette époque.

Il remplissait l'office de bourreau secondaire.

Il rasait le criminel.

Il tondait les femmes convaincues d'adultère.

Il se tenait à la porte du cloître et c'était souvent sur une tête royale (au temps des maires du palais) que s'exerçait son ministère.

Louis VII, roi de France, avait pour favori Pierre Lombard évêque de Paris.

Un jour se basant sur quelques mots des saintes Ecritures, le prélat conseille au roi de couper ses cheveux et de raser sa barbe.

Le roi obéit au prélat, et le barbier d'un coup de

4.

ciseaux et d'un coup de rasoir fut cause d'une guerre qui dura trois cents ans et coûta trois millions d'hommes tant à la France qu'à l'Angleterre.

Le changement produit sur la tête du monarque par cette double opération fut tellement trouvé ridicule par sa femme Eléonore de Guienne que celle-ci le trompa.... vigoureusement. Louis VII la répudia.

De là, par des événements successifs qu'il serait trop long de rapporter ici, les Anglais firent la guerre à la France de 1150 à 1450.

Chez les Francs la barbe était de rigueur; c'était un moyen de se distinguer des Romains, mais elle n'en était pas très-longue et on la nouait avec des tresses d'or.

Le serment ordinaire de Charlemagne était : Je jure par saint Denis et par cette barbe qui me pend au menton.

Avec Henri IV la barbe disparut.

Richelieu et Mazarin conservèrent seulement la moustache et une mouche ou royale au-dessous de la lèvre inférieure.

Sous Louis XIV. la moustache et la royale disparurent.

Les perruquiers furent érigés en corps de Jurande le 14 mars 1674, et leurs statuts contenaient 36 articles; ils furent renouvelés, augmentés et enregistrés au parlement le 7 septembre 1718, et contenaient alors 69 articles, dont l'observation était confiée à six gardes, prévôts et syndics.

Notre siècle est à coup sûr celui qui a vu le plus de transformations dans les coiffures.

Louis XIV et Louis XV avaient mis à la mode les perruques magistrales et poudrées que nous voyons encore dans nos théâtres, et dont les portraits de ces souverains sont restés comme les modèles du genre.

De la cour ces coiffures passèrent dans les populations.

Les marquis et marquises de la cour de Louis XVI protestaient en les portant contre les envahissements du nouveau règne pendant lequel on put admirer les inventions du beau Léonard coiffeur de Marie-Antoinette, qui acquit une célébrité immense par son habileté et dont le talent fit fureur.

La République nous ramena aux modes romaines des Caton et des Scylla ; les perruques subirent des transformations de tous genres, et on en vient aux catogans, aux queues et aux bourses.

L'empire nous fit passer sous les yeux toutes les modes.

Après les excès des règnes précédents, on en vînt aux oreilles de chien, aux coiffures à la Titus et finalement au laisser-aller que nous avons gardé depuis.

La Restauration nous ramena la moustache en brosse qui étaient le privilége des militaires.

Les commis de magasin, ayant voulu singer ces officiers en demi-solde, s'attirèrent de nombreux duels.

Le règne de Louis-Philippe se remarque surtout par la coiffure du roi qui portait un toupet très-haut en forme de poire, et dont les caricatures de l'époque se sont égayés assez longtemps. Aujourd'hui, la liberté aidant, chacun se coiffe à sa manière et nous pouvons admirer tous les jours les plus beaux spécimens du genre humain dans nos promenades et sur nos boulevards.

Barbes longues, barbes courtes, barbes incultes ; favoris en brosse, à l'anglaise et en petit crevé ; moustaches courtes, longues, frisées ou relevées ; tous les genres concourent à l'embellissement de la plus vilaine partie du genre humain.

La politique aidant plus d'une opinion se trouve pour ainsi dire écrite sur la figure.

Mais ce qui caractérise surtout notre époque c'est l'usage presque général des faux cheveux qui entre de plus en plus dans nos mœurs. A en juger par sa consommat'on toujours croissante en raison de la profusion et de l'exagération des chignons de ces dames crépés, nattés, créolés, frisettes et repentirs, la profession de coiffeur reprendra bientôt toute l'importance qu'elle avait autrefois.

COIFFEURS ET BARBIERS

MUSULMANS, INDIENS, JAPONAIS ET CHINOIS.

Chez les Orientaux, d'après le rite musulman, la barbe se fait une fois par semaine à l'aide des ciseaux et de la pierre.

Aux Indes, à Calcutta et à Bombay, la boutique du barbier au lieu d'être comme en France un lieu de conversation, est un lieu de repos. Nul bruit, nul cri, nul murmure ne vient troubler la tranquillité du client.

On se croirait dans le palais de la belle au bois dormant.

Regardez ce Parsis qui entre dans la boutique, il salue, s'assied et ôte l'énorme bonnet qui couvre sa tête.

Un large fauteuil reçoit son corps ; sa tête se laisse aller, ses yeux se ferment, il dort.

Entre un Indien, qui à la manière européenne, couvre sa tête de savon et le rase.

Les soins de la chevelure commencent.

Même sommeil de la part du client.

Et cela dure deux heures et même plus.

Au Japon, la boutique du barbier japonais, contrairement à celle de l'indien, est pleine de bruit et de tumulte. Lui, nu comme un ver et grave comme la justice, se promène au milieu de ses clients pour appaiser le tumulte et mettre le holà.

En Chine, les barbiers portent leurs boutiques sur leurs épaules comme nos porteurs d'eau portent leurs seaux.

On les appelle schinghon.

Ils traversent les rues de Pékin en jetant un cri comme celui de nos repasseurs de ciseaux.

Au premier signe qu'un Chinois leur fait, le schington dépose son établi sur le pavé et va s'installer dans un coin avec son client n'oubliant pas surtout de s'étaler en plein soleil à la grande satisfaction de son client. Il sort alors d'une boîte un petit couteau qu'il a affilé d'abord et qu'il promène ensuite avec dextérité sur le crâne du client qui, de bleuâtre qu'il était, devient blanc comme l'ivoire.

Ce n'est pas tout. Le barbier prend un plus petit couteau qu'il introduit dans les oreilles, puis un plus petit encore destiné aux sourcils auxquels il imprime une courbure ravissante. Maintenant il lave abondamment la tête, tout cela avec une prestesse, une habileté, une dextérité remarquables.

Ensuite la queue est défaite, peignée et lavée à grande eau.

Les Chinois ont cela de commun avec les femmes européennes qu'ils pratiquent comme elles les mystères de la fausse natte.

Une énorme tresse de soie contenue dans leur queue sert à l'allonger de façon à ce qu'elle balaye noblement le pavé de la rue.

L'opération une fois terminée, le Fils du ciel donne quelques sapecks et semble en se retirant vouloir dire à Lao-Tseu : Maintenant, Grande-Etoile, tu peux me tirer vers toi sans avoir la crainte de te salir les doigts.

Les Chinois ne font faire leur toilette qu'une fois par semaine, et tant pis pour ceux qui meurent dans l'intervalle et laissent dans les doigts de celui qui les attire des traces de leur malpropreté, car le Chinois a la conviction que c'est par sa queue qu'il sera enlevé lorsque Confu-Zeu l'appellera à lui.

Nous ne terminerons pas cette revue sans donner quelques détails sur les coiffeurs en Russie.

Dans ce pays la profession de coiffeur est une des meilleures.

A Moscou et à Saint-Pétersbourg, les coiffeurs français ont une importance due autant à leur talent qu'à leur nationalité.

La barbe se paye 15 kopecks (60 centimes).
La coiffure   15 kopecks (60 centimes).

Mais leur gain réel s'opère plutôt sur la vente de la parfumerie, nouveautés et articles de Paris.

Ainsi :

Une cravate côtée à Paris 2 francs, se vend à Saint-Pétersbourg 20 francs (5 roubles).

Des boutons de 1 franc, 12 francs (3 roubles).

Les faux-cols la douzaine 24 francs (6 roubles), 2 francs pièce.

Il est rare qu'au bout de dix ans le coiffeur n'ait pas sa fortune faite. Il se retire généralement avec 15 à 20 000 francs de rentes bien placés en France où il fait ses achats.

La plupart de ces renseignements puisés aux meilleures sources sont historiques, et les ouvrages de M. Léon Renier, et les diverses encyclopédies nous ont servis et nous ont puissamment aidés dans nos recherches.

RUES DE PARIS.

L'espace trop restreint de ce volume ne nous permettant pas de dépasser son prix modique de vente nous oblige à supprimer le dictionnaire indicateur des rues, d'autant plus que l'instabilité des noms de rues actuels, dans lesquels s'opère tous les jours de nombreux changements, serait sujet à de fréquentes erreurs.

DIALOGUE

EN QUATRE LANGUES

Français, Anglais, Allemand et Italien.

Pour éviter à nos lecteurs les fautes de prononciation dans lesquelles ils tomberaient si nous avions écrit ce Dialogue d'après son orthographe respective, nous avons cru bien faire en l'écrivant tel qu'il doit être prononcé.

FRANÇAIS	ANGLAIS	ALLEMAND	ITALIEN
Bonjour, Monsieur.	Goud mornin, seur.	Goutèn morgèn main èrr.	Bon djiorno signoré.
Que désirez-vous, Monsieur?	Ouot don you ouont, seur.	Vas vollèn si.	Qué qoza dézidéra signoré.
Voulez-vous vous faire raser?	Dou you ouich tou bi chaivd.	Vollèn si sich rassirèn lassèn.	Si voulé faré la barrba signoré.
Donnez-vous la peine de vous asseoir.	Sit daoun seur.	Sètzen si sich main èrr.	Si déa l'inkomodo di sédéré signoré.
Laissez-vous les favoris?	Let vou grov ouromiskeurs.	Lassèn si dèn bakèn bard.	Si voulé lachacé i favorité.
Coupez-vous les moustaches?	Dou vou keut your meustachios.	Soll ich inèn dèn chnourbard rassirèn.	Taglaté i moustachi signoré.
Le rasoir fait-il du mal?	Deuz thi rezor heurt vou.	Toutt inèn dass mass-er vé.	Il razaio vi fi malé signoré.
Voici de l'eau, Monsieur, pour vous laver.	Here is som ouodeur, seur, tou ouoch yourself.	Da ist vasser si sou vachèn.	Ego apoua signoré ver lavarsi.
Désirez-vous vous laver les mains?	Ouil! you clin your ainds seur.	Vollèn si iré andèn vachèn.	Si voulé lavaré i mauni.
Voici du savon et une serviette.	Dère is sop ên é taouèl.	Iré ist saf ound ainé serviette.	Eqoil saponéé ouna servietta.
Voulez-vous un coup de peigne?	Ouil you have é combin.	Vollèn si dass ich inèn di aré kamé.	Si voulé accomodaré i kapélli signoré.
Vos cheveux sont très-longs, Monsieur.	Your air is véri lon, seur.	Iré airé sind sou lang.	I vostri capélli sono lounghi.
Voulez-vous les couper un peu?	Ouil you keut é leutt.	Vollèn si dass ich si inèn ann venich abchenaidé.	Volété taliaré oun poqo i kapélli signoré.
Comment les portez-vous?	In ouot mèneur dou you ouéé i?	Aouf vélichè artt vollèn si si.	Di qotelia maniera portaté i kapélli signoré.
Les faites-vous venir par devant?	Dou you ouèr it bifôr.	Kamèn si si forvertz.	Portaté i kapélli davanti.
Les portez-vous en arrière?	Dou vou ouèr it bèhnaind.	Kamèn si si rikvertz.	Portaté i kapélli in diétro.
Les mettez-vous sur les côtés?	Dou you pout it é saïd.	Kamèn si si aouf di saïd.	Mettété i kapelli sopra l'oréki.
Sont-ils assez courts comme cela?	Is it chort ineuf so.	Saïnn si kourz genoug so.	Non sono brsla corté cozi signoré.
Maintenant je vais vous faire un schampoing.	Naou ai ouill ouoch vou aid.	Yetz vill ich inèn dèn kopff pontssèn.	Adessi a dio faré oun champougno per nettaré la tèsta.
Faut-il, maintenant, vous donner un coup de fer?	Meust ai keurl vou air naou.	Soll ich inèn di airé frizirèn.	Si voulé daré oun kolpo di ferra.
Vos cheveux vont beaucoup mieux.	Vou air ouil siout veri ouél.	Iré airé ginguènn til bessert.	I vostri kapelli vanno molto milioré.
Mettez-vous du cosmétique à vos moustaches?	Dou vou pout cosmétiq eupon your meustachios.	Vollèn si aïnn venich cosmétiq auf irèn chnourbard.	Si voulé mettéré cosmétiqo alle moustachi.
Voulez-vous les fixer?	Meust ai fix it eup.	Vollèn si dass ich inèn dèn chnourbard tré.	Volété le poinlé signoré.
Avez-vous besoin de quelques articles en parfumerie?	Dou you ouont ai ni perfioumeriz.	Abènn si etvass fou parfumeri neutich.	Avété bizogna di qoualqué cozé su perfoumeria.

Nous avons du savon de toilette;

De l'eau de Cologne;
De l'eau de Lavande;
Du vinaigre aromatique.
Voulez-vous de la poudre de riz?

Un peigne, une brosse à dents?

Une brosse à ongles, une éponge?
Une lime à ongles?
Votre compte se monte à.
Merci, monsieur.
Si vous voulez bien me votre adresse, monsieur, on enverra ces marchandises chez vous.
Très-bien, monsieur.
À votre retour, ne manquez pas de venir nous voir.

Je vous salue, monsieur.

1, un; 2, deux; 3, trois; 4, quatre; 5, cinq; 6, six; 7, sept; 8, huit; 9, neuf; 10, dix; 11, onze; 12, douze; 13, treize; 14, quatorze; 15, quinze; 16, seize; 17, dix-sept; 18, dix-huit; 19, dix-neuf; 20, vingt; 21, vingt et un; 22, vingt-deux; 23, vingt-trois; 24, vingt-quatre; 25, vingt-cinq, etc.

30, trente; 31, trente et un, etc.

40, quarante; 50, cinquante; 60, soixante; 70, soixante-dix; 80, quatre-vingts; 90, quatre-vingt-dix; 100, cent.

Vir abenn toilett saïf.

Keulnich vasserr.
Lavande vasserr.
Aïsich eremmdic.
Vollen si si einn poudre de riz.

Ein kam aïné bann beursti.

Einnagell beursta enn eïnevamm.

Am nazeli trois.
Iro rekhnoung mak sete.
Ich danke mein mainherr.
Venn si vollen iré address dé lassen mainherr.
So vird man ecélieu brasse genn.
Sergout meinherr.
Bei iré somrukounft cherckenn si nas das-verquilion omat vider son bei eroten.
Lébenn si voli mainherr.

1, ain; 2, svaï; 3, dreï; 4, fir; 5, finf; 6, seks; 7, siben; 8, arti; 9, naen; 10, tzen; 11, elf; 12, svoli; 13, dreï-sen; 14, fierzen; 15, finfzen; 16, sekzen; 17, sibenzen; 18, artisen; 19, naentzen; 20, svansich; 21, ain ound svansich; 22, svaï ound svansich; 23, dreï ound svansich; 24, fir ound svansich; 25, finf ound svansich, etc.

30, dreissich; 31, ain ound dreissich; 32, svaï ound dreissich, etc.

40, fierssich; 50, finfsich; 60, sekssich; 70, sibensich; 80, artsich; 90, naensich; 100, oundert.

Abbiamo sapone di toiletta.

Acqua di Cologna.
Acqua di lavanda.
Vinaigre aromatic.
Volete della poudre de riz.

Oun pettine ouna brossa per dienti.

Oun cloro a perlé oungié ouna spounza.

Oun raxa per le oungie.
Lo vostro conto si mounta a.
Vi grazie signore.
Si vorré lichiaré la vostra adressa signore.
Vi portarano le mercansie alla casa.
Molto bene signore.
Oun altra volta favorité noi della vostra visita.
Vi saloubé signoré.

1, ouno; 2, doué; 3, tré; 4, quatro; 5, chinqué; 6, sei; 7, setté; 8, otto; 9, novée; 10, diechi; 11, oundiechi; 12, doundiechi; 13, trediechi; 14, quatordiechi; 15, quindiechi; 16, sédiechi; 17, diechisette; 18, diechiotto; 19, diechinovée; 20, vinti; 21, venti ouno; 22, ventidoué; 23, ventitré; 24, ventiquatro; 25, ventichinque, etc.

30, trenta; 31, trentouno, etc.

40, quaranta; 50, chinquanta; 60, soixanta; 70, settanta; 80, ottanta; 90, novanta; 100, chentó.

CHEVEUX

CHEVALIER

SUCCESSEUR DE CACHIN

MARCHAND DE CHEVEUX

Rue Saint-Denis, 101

La maison Cachin, si connue de MM. les coiffeurs par l'importance de ses assortiments et la qualité de ses cheveux, se recommande aussi par les produits de sa grande fabrique de raies de chair et implantations en tous genres, tels que raies anglaises sur gaze, et raies dites ventilateur (seul inventeur et seul fabricant). réunissant la légèreté à la solidité, imitant parfaitement la nature. Il tient toujours, comme par le passé, un grand assortiment de fournitures, telles que tulles et rubans à perruques, gaze anglaise.

La bonne confection et la modicité de ses prix lui font espérer la continuation de la confiance qu'il s'est toujours efforcé de mériter.

On trouvera également des rouleaux en crin pour faire la coiffure à l'Impératrice et la Buridan et bandeaux de toutes espèces.

Dépôt de la pommade Emile Sallès. contre les pellicules, les rougeurs et les démangeaisons de la tête; la douzaine, 18 francs pour MM. les coiffeurs de Paris.

Expédie en province et à l'étranger sur remboursement.

POMMADE TONIQUE

RAFRAICHISSANTE

DE LA

SOCIÉTÉ EUROPÉENNE

8, rue Castex, 8

PRÈS LA BASTILLE.

Les médecins la prescrivent contre la Calvitie, les Pellicules, Rougeurs, Démangeaisons, Chute et Décoloration des cheveux.

Prix : 3 et 5 francs.

(Déposé.)

Chez tous les principaux Coiffeurs et Parfumeurs de France et de l'Étranger.

FABRIQUE DE PARFUMERIE FINE

ARTICLES DE TOILETTE.

PROPRIÉTÉ INDUSTRIELLE
Brevetée s. g. d. g.

PROPRIÉTÉ INDUSTRIELLE
Déposée.

SPÉCIALITÉ

DE

TEINTURES

POUR LA

RECOLORATION DES CHEVEUX BLANCS

POMMADE TANNIQUE ROSÉE pour rendre aux cheveux, en peu de temps et sans préparation, leur couleur primitive.

POMMADE AU GOUDRON de Nysten contre les pellicules et affections de la peau.

TEINTURE INDIENNE progressive pour cheveux et barbe.

POMMADE véritable graisse d'ours pour faire pousser les cheveux. Formule Delignou.

TEINTURE UNIQUE spéciale pour teindre instantanément la barbe. Sans lavage et en toutes nuances.

TEINTURE SICILIQUE. Supérieure pour teindre instantanément les cheveux et la barbe en toutes nuances, sans altérer la peau, sans odeur et d'une couleur parfaite.

PRIX COURANT

Pommade Tannique...	72 fr. 50 0/0	36 fr. net.
Teinture unique.......	72 fr. 50 0/0	36 fr. net.
Teinture silicique.....	96 fr. 50 0/0	48 fr. net.
Graisse d'ours.........	36 fr. 50 0/0	38 fr. net.

FILLIOL ET ANDOQUE

PARFUMEURS CHIMISTES BREVETÉS s. g. d. g.

49, rue Vivienne, au 1er, Paris.

A LA LEVRETTE

28, RUE DE TURBIGO, 28.

(AU PREMIER)

L. LAMY

Dépôt des épingles doubles et simples à la marque IR à l'ancre ; fers à friser, à papillotes, à onduler ; fers polis manche ivoire, étaux, bâtons à tresser, à friser ; crochets à toupets, à implanter ; ruban, tulle, soie ; ressorts métalliques ; cardes de tous modèles ; réchauds pour chauffer les fers ; limes à ongles, pinces, épiloirs, ciseaux à ongles, ciseaux-coiffeurs, rasoirs, cuirs. pâte zéolithe, pierres à rasoirs, écussons, plats à barbe, coulants ; tresses, rouleaux-crins ; articles en métal anglais, cristaux et gourdes, houppes, brosserie, peignes, blaireaux, boîtes à savonnettes, peigne-lisse, colle à toupets, élastiques, pointes, perruques, marteaux, pinces, têtes en carton et en bois.

FAIT LA COMMISSION.

Dépôt de la parfumerie Panafieu.

Dépôt de la teinture chinoise.

FERDINAND

COIFFEUR-PARFUMEUR

8, Faubourg Montmartre.

EAU BRÉSILIENNE

PRÉPARATION SUPÉRIEURE, TONIQUE ET RAFRAICHISSANTE

Récompense à l'Exposition du Havre.

Rien n'est comparable à l'Eau brésilienne pour ramener soi-même progressivement en cinq jours, les cheveux et la barbe à leur couleur primitive, sans le plus léger inconvénient.

Cette eau est aussi souveraine pour détruire toute irritation du cuir chevelu, combattre les démangeaisons, enlever les pellicules et entretenir la peau dans un parfait état d'hygiène.

L'excellence de sa préparation a valu à l'eau brésilienne les plus brillants succès; une récompense à la dernière exposition du Havre, un brevet de fournisseur de S. M. l'empereur du Brésil, de très-nombreuses approbations des personnes les plus distinguées du monde élégant, une vente considérable, tels sont encore les titres qui recommandent cette eau merveilleuse à l'attention du public.

Dépôt général chez M. Ferdinand, 8, rue du faubourg Montmartre, à Paris, et chez les principaux coiffeurs et parfumeurs de France et de l'étranger.

A LA REINE DES FLEURS.

PARFUMERIE A BASE DE LAIT D'IRIS

L. T. PIVER

PARFUMEUR DE S. M. L'EMPEREUR

Seul inventeur du SAVON au suc de laitue et du lait d'Iris

POUR LA TOILETTE ET LE TEINT.

Entrepôt général, boulevard de Sébastopol, 10.

PARIS

DÉPOTS dans toutes les villes de France et de l'Étranger.

SAVONS

D. CARLIER

Rue du Faubourg-Saint-Denis, 11, (porte Saint-Denis)

SAVONNIER, PARFUMEUR

**Spécialité de crème d'amande faite à chaud
vendu au poids et en tabatière.**

Informe MM. les coiffeurs qu'il est à même de leur fournir ses produits à des prix très-modérés.

A. GARREAU

Marchand de Cheveux

GROS.   *Rue Saint-Denis*, 270.   DÉTAIL.

Atelier spécial de Postiches soignés

Grand assortiment de cheveux, toutes longueurs, en belle qualité. — Chignons très-variés, nouveaux modèles. — Fabrique de tours indéfrisables, raies de chairs et finitions.

FOURNITURES POUR MM. LES COIFFEURS

Dépôt de l'Eau sympathique, contre la chute des cheveux, leur rendant la couleur primitive et leur souplesse.

Eau merveilleuse, teinture à la minute sans lavage.

SULFURO-QUININE

DE

LEMOINE

COIFFEUR PARFUMEUR

6, quai des Orfèvres, à Paris.

Infaillible pour rendre aux cheveux leur couleur primitive.

Cette *eau* est bien supérieure à toutes les *teintures* ; elle ne salit et ne graisse ni la *peau* ni le *linge*.

Son emploi n'offre aucun danger.

Tout en rendant aux cheveux leur couleur première, elle détruit les pellicules et arrête immédiatement la chute des cheveux.

Manière de l'employer :

Agiter le flacon et mouiller les cheveux jusqu'à la racine, frotter avec les doigts, puis brosser sans passer le peigne fin.

Le *Sulfuro-Quinine* doit s'employer tous les jours jusqu'à ce qne les cheveux aient repris leur couleur ; un seul flacon sufût ordinairement. — On l'emploiera ensuite deux ou trois fois par semaine.

Prix du flacon : 5 fr. — Vendu à MM. les Coiffeurs 3 francs ; 36 francs la douzaine. Expédition en province contre remboursement.

La marque de fabrique déposée : P. E. L.

TEINTURE VÉGÉTALE

INSTANTANÉE

M. FÉLIX LEPOIVRE

A l'honneur d'appeler l'attention de ses confrères sur sa nouvelle teinture, dite EAU DE PARIS, la seule dont la légitime réputation se soit acquise par l'analyse et l'approbation de nos plus grands médecins et chimistes, ce qui lui permet de la placer en première ligne et vient incontestablement lui mériter sa supériorité sur toutes celles parues jusqu'à ce jour. Grâce à ce fluide végétal sans odeur, nous pourrons donc désormais, sans craindre le moindre danger, teindre les cheveux et la barbe en toutes nuances tout aussi vivement que nous ferions une coiffure; plus, en garantir le succès et la durée. Désirant continuer mes bonnes relations d'affaires avec vous et vous mettre à même d'apprécier alors tous les avantages de ma teinture, j'ai dû établir un dépôt plus au centre que ma fabrique, où l'EAU DE PARIS vous sera vendue au même prix, 2 fr. les boîtes, 3 fr. les doubles boîtes.

Malgré ce bon marché, les boîtes devront être garnies de petites brosses et de prospectus portant ma signature.

FÉLIX LEPOIVRE, coiffeur.

Seule fabrique, 53, rue Saint-André-des-Arts, en face la rue Mazet. — Dépôt central, rue de Grenelle-Saint-Honoré, 13, chez M. Beltante, coiffeur.

Exposition universelle de 1867
et du Havre 1868.

A LA COURONNE FLEURIE

PETIT AINÉ

PARFUMEUR-SAVONNIER-DISTILLATEUR

229, rue Saint-Denis, Paris.

EXPÉDITIONS DANS TOUS LES PAYS

ARTICLES RECOMMANDÉS :

Savon extra-fin de la couronne fleurie.
Savon au suc de laitue.
Coméolisse, cosmétique transparent.
Pommade Dupuytren (selon la formule du Codex),
pour arrêter la chute des cheveux.
Extrait végétal de rosée de vignes, lotion tonique
pour les soins de la tête.
Eau de la couronne fleurie, pour la toilette et les
bains.
Extraits triples pour le mouchoir.
Cartonnages, Parfumerie, articles de Parfumerie de
fantaisie, pour cadeaux et étrennes.

AGENCES ;

Alger : Ph. Parral, rue Neuve-du-Commerce.
Amsterdam : F. Labbe, X. 30 Singel (pour la Bel-
gique et la Hollande).
Livourne (Toscane) : Fréd. Guérin, via della Pos-
tat, 24.
Milan : Giacomo Novi, galeria Cristoforis.
Dépôt à Bruxelles, Nouhaud, 24, rue du Vieux-
Marché-aux-Grains.

BEAUTÉ DES DAMES

CRÈME DE ROSES PRINTANIÈRES

COMPOSÉE PAR

PLANCHAIS ET RIET

PARFUMEURS BREVETÉS s. g. d. g.

Cette préparation, bien supérieure au Cold-Cream, rend la peau très-douce, la préserve des gerçures produites par le froid et fait disparaître les rides.

43, RUE CAUMARTIN, 43.

PARIS

POMMADE

DU

DOCTEUR ALAIN

Contre la chute des cheveux, produite par l'altération du cuir chevelu, pellicules, écailles, rougeurs, démangeaisons.

Prix du flacon : 3 fr.

ÉLIXIR ET POUDRE DENTIFRICE

D'une efficacité certaine pour blanchir les dents et entretenir le bon état des gencives.

PRIX DE L'ÉLIXIR

Flacon entier. . . . . 4 »
Demi-flacon 2 50

PRIX DES POUDRES

Quinquina et charbon. — Quinquina et magnésie, Corail.

2 FRANCS LA BOITE.

Une forte remise est accordée à MM. les Coiffeurs et Parfumeurs.

Chez l'inventeur, 23, rue Cardinal-Fesch, près l'église Notre-Dame-de-Lorette, Paris.

A LA CORBEILLE FLEURIE.

Médaille unique à l'Exposition universelle
de Londres 1862.
*Médaille de 1re Classe
à l'Exposition universelle de Paris 1867*

PARFUMERIE FINE ET EXTRA FINE

ED. PINAUD

**37, Boulevard de Strasbourg, Paris.
52, Rue de Flandres, la Villette-Paris. Grand'rue
de Paris, Pantin (Seine).
44, Rue des Longs-Chariots, Bruxelles.
31, Graben, Vienne (Autriche).
5, Great Marlboroug, St-W., Londres.**

Réputation acquise pour la perfection de ses savons
de toilette et ses parfums pour le mouchoir, ses parfums et pommade aux violettes de Parme.

La maison **Ed. Pinaud** est connue dans le monde
entier pour la bonne qualité de ses produits et pour le
cachet distingué qu'elle sait leur donner.

Spécialité de parfumerie aux violettes de Parme et
à l'Ylangylang. Dépôt de l'Eau des Fées de Mme Sarah
Félix et de la brosse électrique du Dr Laurentius.

PANAFIEU

PRÉPARATEUR-SPÉCIALISTE

BREVETÉ s. g. d. g.

70, rue Rochechouart, 70.

Célèbre Pommade Mousquetaire pour fixer les moustaches.

Peignes Mousquetaire, Mascaro et Fard des Mousquetaires, pour teindre la barbe et les cheveux.

Poudre dentifrice et Elixir de l'Ohio.

Polissoirs pour polir les ongles.

Blanc et rouge gras de Maintenon.

Poudre Marquise pour les mains.

Huile de Quinquina. L'immense succès de cette huile la place au-dessus de tout ce qui a été fait jusqu'à ce jour pour la conservation des cheveux.

Poudre Dentifrice chinoise du Tyen-Hya.

Poudre étincelante, diamant, or et argent.

Teinture Blonde unique et inimitable dans sa préparation. Sans nitrate ni aucune matière dangereuse. Rendant *blonds*, rien que *blonds*, les cheveux blancs ou gris, après quelques opérations. Prix : 48 francs la douzaine.

EAU D'HÉBÉ

PROGRESSIVE

UN SEUL FLACON

PAR

A^{TE} GOBEIL

48, Passage Jouffroy, 48.

RÉUSSITE DE TOUTES NUANCES GARANTIE

Pour blond et châtain, demander le n° 1.
Pour brun et noir,   —   le n° 2.

OXALIDE

TEINTURE SPÉCIALE POUR LA BARBE

Sans lavage avant et après

UN SEUL FLACON.

PRIX COURANTS

Eau d'Hébé,	la douzaine,	72 fr.	50	0/0
Oxalide en boîte,	—	60 fr.	50	0/0
— en flacon,	—	48 fr.	50	0/0

FABRIQUE
D'ARTICLES EN MÉTAL ANGLAIS

ANCIENNE MAISON CHAPISEAU

P. FOUQUET

successeur

USINE A VAPEUR ET MAGASINS

COUR DES BLEUS

15, *rue Palestro et* 268, *rue Saint-Denis.*

Médaille à l'Exposition universelle de 1867

———

Spécialité d'articles pour Coiffeurs et Parfumeurs.

Boîtes à poudre de riz, à savon, à brosse, à poudre dentifrice. Bols à barbe, blaireaux. Flacons cristal garnis en métal. Assortiment de boîtes en porcelaine, cristal, bois, buis. Fruits en corozo. Troncs en métal, ronds de serviettes. Capsulage pour pots à pommade. Houppes.

62, RUE TIQUETONNE, ANCIEN 12

Ci-devant rue Bourg-l'Abbé, 16.

———

FRANCISQUE FARGE

FABRIQUE

DE COUTELLERIE FINE

A NOGENT (Haute-Marne).

Limes de toutes façons, Ciseaux, Outils pour la toilette des ongles, Outils à nettoyer les dents, Ciseaux à barbe, Rasoirs, Coupe-cors, Coupe-ongles, Canifs et Grattoirs, Pinces à épiler, Tire-boutons, Tire-bouchons, Ciseaux-lingères, Cuirs et Pâtes à rasoirs, Couteaux de poche et de table.

PARIS

COMMISSION. — EXPORTATION.

CHEVEUX

VANNIER

Marchand de Cheveux

15, *rue des Deux-Portes-Saint-Sauveur*, 15

PARIS

Assortiment très-varié de cheveux, ainsi que tous les articles à l'usage de MM. les coiffeurs.

Jolis chignons de toutes formes variées à des prix modérés.

A LA POINTE SAINT-EUSTACHE

4, *rue Montmartre, Paris.*

A. JOUANNE

FABRICANT D'ENSEIGNES

EN TOUS GENRES

Grand choix d'écussons pour coiffeurs, plats, crochets en cuivre-maillechort.

Spécialité de lettres en relief, zinc doré, lettres en cristal et cuivre poli.

On répare et remet à neuf les enseignes.

EXPÉDITION EN PROVINCE.

371, rue Saint-Denis, 371
(Près la porte Saint-Denis.)

MANUFACTURE
POUR LA
PRÉPARATION DES CHEVEUX
Villa de la Providence, à Antony (Seine)

F. DUMAND
MARCHAND DE CHEVEUX

FOURNITURES POUR COIFFEURS
Grand assortiment de Postiches implantés et Coiffures en tous genres.

DÉPOT

DES FILETS INVISIBLES DES PREMIÈRES
FABRIQUES DE FRANCE.

Seul dépôt de l'Eau pilogénique, teinture végétale instantanée de M^{er} GONA.

TOUS ARTICLES POUR COIFFEURS

Peignes en tous genres, fabrique spéciale à **Izy** (Eure) ; Brosseries fines en tous genres ; Quincaillerie et Coutellerie de coiffeurs (marque **F. Dumand**) ; Eponges de toilette. — Commissions pour tous autres articles.

SPÉCIALITÉ DE POUDRE DE RIZ

COMMISSION — EXPORTATION

WEHRBACH

PARFUMEUR

Rue Grenier-Saint-Lazare, 21.

Fournisseur des principales maisons de Paris.
Cette maison se recommande par la bonne qualité de ses marchandises et son bon marché.

CHEVEUX

CHANGEMENT DE DOMICILE DU MAGASIN DE CHEVEUX

DE LA

MAISON DELOISON

Ci-devant rue Fontaine-Molière

Actuellement rue Sainte-Anne, 10,

PARIS.

Articles pour MM. les Coiffeurs.

TEINTURE AMÉRICAINE

WALLART-DANGUY

MUZET et Cie Successeurs

N°s 1 *et* 3, *place des Petits-Pères.*

CHEVEUX EN GROS

FOURNITURES POUR COIFFEURS.

FABRIQUE DE POSTICHES

Une longue expérience et des soins assidus ont permis à la maison WALLART-DANGUY d'offrir à MM. les coiffeurs un choix immense de cheveux travaillés avec soin.

Nous recommandons particulièrement la fabrication des postiches confectionnés, tels que nattes, sous-bandeaux, crêpés, sévignés, cache-folies, perruques d'homme, et spécialement les berthes modernes. Tous ces articles, confectionnés avec soin et précision, permettront à MM. les coiffeurs de ne jamais manquer la vente dans les circonstances les plus pressées.

TEINTURE AMÉRICAINE

(CHESNUT-WATER)

Pour la teinture instantanée des cheveux et de la barbe.

Commission-Exportation.

PARIS.

PRODUITS HYGIÉNIQUES
R. PEYREGNE
CHIMISTE

EAU DE ZANZIBAR

Préparation arabe dite des émirs, pour colorer les cheveux et la barbe en toutes nuances sans altérer la peau, à l'aide d'un seul flacon et sans aucune préparation.

PRIX DU FLACON : 6 ET 10 FRANCS.

MOHÉLYNE PEYREGNE

Eau anti-pelliculaire pour l'entretien et la conservation de la chevelure.

PRIX DU FLACON : 5 ET 10 FRANCS.

POMMADE PEYREGNE

Pour rendre aux cheveux et à la barbe en très peu de temps leur couleur naturelle sans préparation ni lavage.

PRIX DU POT : 5 FRANCS.

Dépôt principal de détail et salon d'application Ed. Lespès, coiffeur-parfumeur, 21, boulevard Montmartre, Paris.

Dépôt pour la vente en gros :

Bruneau frères, 73, rue Notre-Dame-de-Nazareth,

Laboratoire R. Peyregne, 16, rue Corbeau, Paris.

Forte remise à MM. les coiffeurs.

Envoi contre remboursement ou en timbres-poste.

BOTTEAUX

MARCHAND DE CHEVEUX

FABRICANT DE POSTICHES

10, rue Croix - des - Petits - Champs,

PARIS

—

TEINTURE PROGRESSIVE

de

BOTTEAUX

Première médaille d'argent à l'Exposition.

Commerce
de
cheveux.

—

Gros

—

Tient tout l'article
pour coiffeurs.

—

Fabrique
de
peignes, de brosses,
tous
les articles
de
bains.

—

Quincaillerie
gaines, ciseaux, rasoirs,
petits articles
dits
ongliers,
etc., etc., etc.

—

Commerce de cheveux
Détail.

—

Produits brévetés
Pieds à coulisses dorés.

—

Nouveau système
de bâtons à tresser.

—

Nouveaux bustes
d'une composition qui
ne craint
pas la chaleur
et ne s'altérant jamais.

—

Porte-toupets,
porte - bandeaux
même composition
remplaçant
avantageusement
la cire,
imitation parfaite
de la nature.

—

66 et 67, Faubourg Saint-Martin, 66 et 67

MAISON DU TAPIS ROUGE

PARIS

DURNOY

FABRICANT DE LAVABOS

FAUTEUILS ET CHAISES

Pour MM. les Coiffeurs.

———

Comptoirs acajou,

Consoles,

Cuvettes,

Robinets,

Lavabos acajou,

2 cuvettes.

170 fr.

—

Lavabos bois peint

120 fr.

Fauteuils mobiles

Coiffeurs

32 fr.

Chaises mobiles

25 fr.

—

EXPOSITION UNIVERSELLE DE 1867
et du Havre 1868.

—

Maison fondée en 1837

PAUL DARGOUGE

29, rue Jean-Jacques-Rousseau,

(ANCIENNE RUE DE GRENELLE-SAINT-HONORÉ)

COMMERCE DE CHEVEUX

GROS ET DÉTAIL

—

Fabrique de postiches et implantations

EN TOUS GENRES

PLUS DE 100 MODÈLES

DE

NOUVEAUX CHIGNONS CRÉOLÉS

NOUVELLES BANDELETTES

Imitant l'ondulation des cheveux, d'une perfection exceptionnelle.

—

Les commandes sont livrées dans le plus bref délai.

—

Commission. — Expédition en province et à l'étranger.

Nota. — Un tarif contenant les prix courants de tous les articles à l'usage de MM. les Coiffeurs sera expédié franco à toute demande affranchie.

28, ANCIEN 32, RUE TURBIGO

A L'ANGLE DU BOULEVARD SÉBASTOPOL, 70

Ci-devant rue Saint-Martin, 269.

DANGUY

MARCHAND DE CHEVEUX

Fournitures pour Coiffeurs et grand assortiment de Postiches en tous genres.

DÉPOT DES SPÉCIALITÉS SUIVANTES :

FILET-CHEVEUX HIPPOLYTE

BREVETÉ (s. g. d. g.)

Le Filet en chevenx s'adapte à tous les genres de coiffures et les conserve intactes. Il est invisible et inusable.

TULLE-CHEVEUX de Normandin frères

BREVETÉ (s. g. d. g.)

Pour l'emploi des Postiches implantés perfectionnés.

HOILDE-WATER

TEINTURE RECONNUE SUPÉRIEURE

Pour rendre aux Cheveux gris et blancs leur nuance primitive.

MAGASIN D'HABILLEMENTS

Rue Gozlin, 17, ancienne rue Sainte-Marguerite,

Faubourg Saint-Germain.

LEROY - PITON

JEUNE

MARCHAND D'HABITS

Vend et achète toutes sortes de Marchandises neuves et d'occasions, dégage et achète les Reconnaissances et les Effets du Mont-de-Piété. Tient un assortiment de Chapeaux, Casquettes, Bottes, Souliers et Objets de voyage.

Fait les Réparations, va chez les personnes qui lui font l'honneur de lui écrire.

On fait des Echanges et on Loue des Habillements.

Au plus juste prix.

PARIS

RENDEZ-VOUS DES COIFFEURS

FRANÇAIS ET ÉTRANGERS.

CAFÉ RESTAURANT CRÈMERIE

DE L'ABBAYE

TENU PAR GALLICE

Rue du Four-Saint-Germain, 12.

Spécialité de Déjeuners et Dîners, Bouillon et Bœuf,
Tripes à la mode de Caen à toute heure

ESTAMINET ET BILLARD.

PARIS. — IMP. VICTOR GOUPY, RUE GARANCIÈRE, 5.

EAU

FONTAINE DE JOUVENCE

POUR BLONDIR ET DORER LES CHEVEUX

SEUL DÉPOT EN FRANCE

CHEZ

M. LÉON HUGOT

(Médaille d'or)

40, boulevard Malesherbes, 40

Cette Eau, composée par M. E. H. THIELLAY, de Londres, avec des substances complétement inoffensives, a la propriété de donner aux cheveux, de n'importe quelle nuance, et cela presque instantanément, une couleur *blond cendré*, *blond d'or*, etc., aux reflets dorés.

Son emploi est des plus simples : il suffit de passer une éponge imbibée de ce liquide sur les cheveux.

Il n'est pas indispensable de faire suivre l'opération de l'emploi de l'huile dite *Companion*, qui se trouve également chez M. L. HUGOT; néanmoins, on fera bien d'en faire usage.

On peut dire qu'en inventant cette Eau *unique*, M. E. H. Thiellay, nouveau Prométhée, a dérobé au soleil un de ses rayons, pour en dorer les cheveux de nos élégantes.

Forte remise aux Coiffeurs et Parfumeurs.

PARIS. — IMP. VICTOR GOUPY, RUE GARANCIÈRE, 5.